CW01656403

İSTANBUL'UN YÜZLERİ

ÖZDEN KARABABA

10 renkli portre ve onların ağzından bir İstanbul yolculuğu

CİNİUS YAYINLARI
Babıali Caddesi, No. 14 Cağaloğlu - İstanbul
Tel: (212) 5283314 — (212) 5277982
http://www.ciniusyayinlari.com
iletisim@ciniusyayinlari.com

İSTANBUL'UN YÜZLERİ
ÖZDEN KARABABA

BİRİNCİ BASKI: ŞUBAT, 2021

ISBN 978-625-7639-27-9

Baskı ve cilt:
Cinius Sosyal Matbaası
Çatalçeşme Sokak No:1/1 Eminönü, İstanbul
Tel: (212) 528 33 14

Sertifika No: 45738

© ÖZDEN KARABABA, 2021

© CİNİUS YAYINLARI, 2021

Röportaj ve Fotoğraflar: Özden Karababa
Yazı Editörü / Redaktör: Erdem Avşar
Gezi Editörü: Özgür Gezer
Kapak çizimi: Ergün Gündüz

Rehber Fotoğraf Katkısı: Özden Karababa, Tamer Yılmaz, Ömer Aydın
Yalçın Güçlü (@hezarfen_34), Istockphoto, Canva, Flickr, Milliyet Sanat
Mekânların Web Fotoğrafları.

Tüm hakları saklıdır.
Bu yayının hiçbir bölümü yazarın yazılı ön izni olmaksızın,
herhangi bir şekilde yeniden üretilemez,
basılı ya da dijital yollarla çoğaltılamaz.
Kısa alıntılarda mutlaka kaynak belirtilmelidir.

Printed in Türkiye

İÇİNDEKİLER

Oğlum Arie Can'a

ÖNSÖZ

İstanbul'da doğdum. Babam üniversiteye gitmek için Kayseri'den İstanbul'a gelmiş, anne tarafı İstanbulluymuş. İşler istediği gibi yürümeyince kendi işini kurmuş ve sonra ailesini de İstanbul'a getirmiş. Annem ise küçük yaşta ailesiyle birlikte Gaziantep'ten İstanbul'a gelmiş. Bir yandan gelenek göreneklere ve aile bağlarına önem veren ama bir yandan da hiçbir konuda zorlama getirmeyen bir aile. Biraz da başıma buyruk olduğum için pek de baskı görmeden büyüdüm. Samatya'da; kilisenin, havranın, camiinin yanana olduğu, kâgir evlerin sıra sıra dizildiği, az ilerde surlar ve Yedikule zindanları ile tarihin sürekli hayatın içinde olduğu, sahilin, balıkçıların keyifli sakinliğinin içinde büyüdüm. Halamın bir derviş misali geleni gideni eksik olmayan, kapısı sürekli açık evinde, o evin büyük bahçesinde tam bir Akdenizli aile gibi geçirdik günlerimizi. Mahalle kültürünün önemli olduğu, evlerin gece yatarken kapılarının kilitlenmediği dönemler.

Ailemde bir mühendislik kültürü vardı. Herkes kendi geleceğini garanti altına almak zorunda. Baba tarafından aldığımız bu üstü kapalı mecburiyet inanılmaz bir şanstı aslında. Babam ve büyük amcam en küçük kardeşlerinin okuması için seferber olunca amcam İTÜ Mimarlık Bölümü'ne adım atıp evdeki bir sonraki kuşağın idolü oldu: Opera dinleyen, kütüphanesi tüm odayı kaplayan entelektüel bir örnek. Ardından büyük abim, iki kuzenim ve ben bu kervana dahil olduk. İTÜ'lü olmanın verdiği tuhaf bir gurur duygusu vardı. Böyle hissetmemde amfide bulunan 150 erkek ve 10 kız öğrenci gibi dengesiz bir dağılımın da payı vardı sanırım.

İstanbul ve üniversite hayatı beni tam anlamıyla şekillendiren iki unsur oldu. Üniversite yılları boyunca her fikirden insanla sohbet ettim, onların hikâyelerini dinledim ve onlarla tartıştım. Bitirme tezimi yazdığım sıralarda bir bankada IT alanında bilgisayar programcısı olarak çalışmaya başladım. Yıllar içinde unvanlarım değişse de hâlâ bir bankada ve aynı sektörde çalışıyorum. 1995'te çalışmaya başlar başlamaz kendime bir kamera aldım. Karanlık odamı kurdum ve İstanbul'da kaybolma seansları düzenlemeye başladım. Her cumartesi kimse ile sözleşmeden "kendimi gezdirme turları" dediğim gezmelere çıkıyordum.

Kameram ve ben. Her seferinde tuhaf arka sokaklara giriyordum, herkes çok sıcak ve sohbete açıktı. Fotoğraf çekmediklerim arkamdan koşup "Abla, beni niye çekmedin? Ben askerden yeni geldim" diyordu mesela. Tanımadığım onlarca insanla harika bir dünya yaratmıştım kendime. Kameranın gücü, o dönemki cesur genç kadın hallerimle erkek kahvelerine simidimle girip çayımı da içiyordum. Her seferinde kahve sahiplerinin telaşlı halleri, babacanlığı ile beni bir masaya oturtup, bana çay getirmesi bu gezileri iyice zevkli hale getiriyordu. O zaman adım başı kafeler de yok tabii. Yemediğim yemekleri yiyor, esnaf lokantalarını keşfediyor, birden karşıma çıkan caminin içine girip aslında eski bir kilise buluyor olmak paha biçilemez, hiçbir yerde bulamayacağım bir zenginlikti benim için.

2003 yılında bir düşüş dönemi yaşadığım ilginç bir zamanda kuzenim aradı. Yıllarca görüşmemiştik. "Seni rüyamda gördüm, birlikte İran'daydık. Gitsek mi?" dedi. Baba tarafında böyle mistik hikâyeler vardır. Görülen rüyalara inanılır, sonradan gerçek olduğu rivayet olunur. Kabul ettim ve o gezi hayatımı değiştirdi. O yıllarda iki kadın

İran'a gitmek, İran kültürünü tanımak harikaydı. Ama daha da ilginci 13 yıldır yaşadığım Hollanda'ya gelme sebebim olan kişiyi, yani eşimi o gezide tanımış olmam.

"Okulu bitir, işe gir, evlen, çocuk yap, çocuğundan da aynısını bekle" gibi bir döngünün benim için uygun olmadığını ailem, evim, işim, her şeyi ardımda bırakarak Hollanda'ya taşındığımda anladım. Yaş 35. İnsanların çoktan büyük aileler kurduğu, kışlık, yazlık evler edindiği, alıştıkları rutinlerinde güzelce yaşadıkları yaşlar. Bense Hollanda'ya yeni bir hayatı denemeye geldim. Bahsettiğim rutinin güvenlikli sınırlarından çıkıp birdenbire sil baştan başlamak meşakkatli bir işti. Bu panik duygusunu, dil öğrenerek, çalışarak, yeni arkadaşlıklar kurarak ve profesyonel işimin dışında birçok farklı şey yaparak yendim sanırım.

Göçmenliğe olan önyargılara dikkat çekmek için, Hollanda'da yaşayan başarılı Türklerin hikâyelerini öne çıkaran bir fotoğraf sergisi hazırladım. 2012'de sergi, İstanbul da dahil olmak üzere beş farklı şehri gezdi. Yaptığım söyleşilerden toparladığım ufak bir sergi kitabı hazırladım. Bu sırada çok sayıda güzel insan tanımış oldum ve proje sayesinde kendimi yerleşik hissetmeye başladım. Hemen ardından bir arkadaşımızın trans oğlunun hikâyesini takip ettim. Üç yıl boyunca onunla birçok yere gittim. Trans kişilerle ilgili bilgi edindim, onların toplantılarına katıldım. Ardından yine bir fotoğraf sergisi ve seminer düzenledim. Farklı yaşlarda on trans bireyle söyleşiler yapıp fotoröportaj kitabı yayımladım, İstanbul'da mülteci hayatları üzerine çalıştım, o çalışmanın sonuçlarını da Hollanda'da bir müzede düzenlenen söyleşiyle başkalarıyla paylaşma imkânı buldum.

Bu kitap ise, yıllar sonra insanları dinlemeye, hikâyelerini keşfetmeye duyduğum tutkuyla, çocukluk ve gençlik yıllarımı şekillendirmiş İstanbul özlemimden, İstanbul'a olan gönül bağımdan doğdu. Dışarısıyla, şehirlerle olan ilişkimizin çok değiştiği günlerden geçiyoruz. *İstanbul'un Yüzleri* bir de böyle bir anlam kazandı. İstanbul'u tüm değişimiyle, geçmişiyle hatırlayan, kendi hayat hikâyelerine tıpkı benimki gibi göçleri, farklı işleri, yer değiştirmeleri ekleyen, ülke ve dünya sorunlarıyla bilinçli olarak yüzleşen, bunlar için çabalayan on önemli kişi var karşımızda: Arzu Kaprol, Aylin Yazıcıoğlu, Cem Mansur, Ergün Gündüz, Mercan Dede, Sanem Oktar, Serra Yılmaz, Talat Kırış, Ufuk Tarhan, Zeynep Oral... Yazanlar, çizenler, oyuncular, müzisyenler, girişimciler, hayat kurtaranlar, kendi hayatlarını, başka yaşamları, şehrin ve kültürün çehresini değiştiren isimler.

İstanbul'un Yüzleri kişisel, özel ve küçük bir İstanbul rehberi. Katılımcıların ayrı ayrı hepsiyle İstanbul'un neden bu kadar özel olduğunu, İstanbul'un insanı büyüleyen yanlarını, zorluklarını ve hem şehrin hem de kendi dönüm noktalarını konuştuk. Klasik gezi rehberlerine alternatif olarak, okurlar İstanbul'a başka bir açıdan, başka gözlerden bakabilsinler diye katılımcıların gözünden bir tavsiyeler seçkisi de yaptık.

İstanbul'la olan bağlarının yanı sıra hepsi yaşamlarını, tecrübelerini, çocukluk dönemlerini, ailelerini, yetiştikleri ortamları, şu an bulundukları noktaya gelmek için kimlerden ilham aldıklarını, nelerin onlara ivme verdiğini ve üstüne çalıştıkları projeleri, işleri, fikirleri konuştuk. Bunda insanı çocukluğundaki İstanbul'a taşıyan, kendi hayatını yeniden ele almasını salık veren, öğretici bir yan da var. Katılımcıların hikâyelerini, onların İstanbul'unu okuduktan sonra benim İstanbul'umu da bulacaksınız ek olarak.

Böyle bir girişimin bu hikâyelerin yayılmasını da teşvik edeceğini umuyorum. Her insanın bir hikâyesi var ve bu benim için çok değerli. Bu portrelerden feyz alacak insanlarla bu hikâyeler arasında bir köprü olmak istiyorum. Çok alıntılanır ama bu kitap özelinde çok anlamlı bulduğum bir Mevlâna alıntısı var: "Sen yola çık, yol sana görünür." Umarım bu kitap, İstanbul'un çoğumuza verdiği yola çıkma cesaretinin bir kısmını okura aktarabilir.

Bana çok değerli zamanlarını ayıran değerli katılımcılarıma, sevgili editörlerime, katkıda bulunan ve bu kitabı merak etmiş, şu an okumakta olan herkese yürekten teşekkür ederim.

Özden Karababa
2020, Yaz, Amsterdam

Hafta sonu kaçamaklarının
vazgeçilmezi Büyükada.

"Her şehrin bir ruhu vardır ama İstanbul'un çok kuvvetli ve kudretli bir ruhu var. Hepimize yetecek kadar. Hâlâ bilmediğimiz, en eski mitolojik çağlardan gelen bu toprak bizi besliyor ve bir arada tutuyor."

ARZU KAPROL

Moda Tasarımcısı

Parmak İzi

Arzu Kaprol ile: Bursa'daki aile işletmesi moda evinde geçen çocukluktan Türkiye'nin ilk kız rock grubuna, 1930'lar Beyoğlu kadınından Paris Moda Haftası'na...

Ailemdeki kadınların hepsi idolümdü. Hayatı, dolu dolu yaşamayı seven, neşeli, pozitif, kendi bağımsızlığı olan, gerçekten Cumhuriyet Türkiyesi'ni yansıtan ve o iklim içerisinde var olan, o zamanın Bursa'sında beni de özgür yetiştiren bir aileye sahiptim. Annem mesleki ilgimi keşfedip beni o tarafa yönlendirdi, babam da daha çok yaşam değerlerini verdi. Babamla ağırlıklı olarak felsefe ve hayat üzerine konuşurken, annemle de yaratıcılığımı, mesleğimi geliştiriyordum.

Bu ayrımı ancak şimdi fark edebiliyorum. İkisi de muazzam kıymetli. Benden 12 yaş büyük bir abim var. O babamın işini devraldı ve deri ticareti ile uğraşmaya devam ediyor. O da bana hayata dair coşkuyu ve eğlenmeyi öğretti sanıyorum.

Annemin Bursa'da bir modaevi vardı. Annem, teyzem, anneannem, büyük teyzem hepsi çok becerikli terziler, estetiğe ve giyime de çok düşkün hanımlardı. Babam deri ticareti ile uğraşıyordu. Doğal büyüme ortamımın annemin yanı, yani bir terzi atölyesi ve bir modaevi olmasının da belki bir avantajı vardı. İlgim çok erken keşfedildi örneğin. Başka nelere ilgim vardı pek bilmiyoruz ama çok erken yaşta kıyafetlere, kumaşlara ve hayal etmeye çok düşkündüm. Çocukluğumda bebeklerle oynamaktan ziyade hayal kurardım. Hayal etmeyi en çok sevdiğim oyun, düğmelerle bir şeyler yaratmaktı. Günlerim düğmelerden uzaygemileri ve aksesuarlar yaparak, düğmelerle hayaller kurarak geçerdi. Ayrıca mutlaka bir şeyler çizer, kumaşlar keserdim. Atölyede diktiğim bile şeyler vardı. Galiba kendim için annemden gizli gizli bir şey diktiğimde 11-12 yaşındaydım. Bir akşam yemeğine diktiğim kıyafeti giyip gittiğimi hatırlıyorum.

Bursa'da geçirdiğim gençlik dönemimin ilginç tecrübelerinden biri de şu: Şebnem Ferah ile ortaokuldan arkadaştık. O zaman farkında değildik ama Volvox'u, yani Türkiye'nin ilk kız rock grubunu birlikte kurduk. Gerçi bugün bundan bahsediyorsak nedeni elbette Şebnem'in başarısı. Şebnem bu kadar başarılı olmasa Volvox liseli bir rock grubu olarak kalacaktı benim için. Ben Volvox'un ilk zamanlarında gruptaydım, katkım da küçüktü. Burada asıl vurgulamak istediğim Bursa'nın ve o dönemki Türkiye'nin içinde bulunduğu durumda bunun yapılabilir, yaşanabilir olması. Bir de bir kişinin çabasının her şeyi nasıl değiştirebildiğini hatırlatan bir yanı var. Mesela O Stüdyo'nun sahibi Sedat abi. Sedat abi O Stüdyo'yu açınca biz tüm gençler oraya üşüştük. Pentagram oradan doğdu, biz oradan doğduk. Çok heyecan verici bir şeydi. Aileler de destekliyordu. Bir de Bursa'da yerel basın çok güçlüydü. Daha geçenlerde annemlerin evinde buldum mesela. Rock festivali eki çıkarmışlar; zincirli, headbang'li kocaman bir fotoğraf basıp başlığı da "Gençler eğleniyor" diye atmışlar. Bu, bugünle kıyaslayınca çok nazik bir yaklaşım. O toleransı ve nezaketi hatırlamak da çok mühim.

Ne zaman Mimar Sinan Üniversitesi'ne girdim ve İstanbul'da okul hayatım başladı, o zaman hem kültürel olarak hem de insan olmaya dair görüşlerimi İstanbul biçimlendirmeye başladı. Beni İstanbul büyüttü, İstanbul besledi. Sanırım biraz da o yaşların korkusuzluğuyla, varoluşumu çok şekillendirdi. Ailenin kanatlarından sıyrıldıktan sonra insan kendisini, kendi tercihleriyle var olmayı öğreniyor. O zamanlar burada bir ev tutmuştum. En büyük zevklerimden biri tek başıma sinemaya gitmekti. O kendinle kalma duygusuyla sinemadan çıkıp Beyoğlu'nda yürümek... Beyoğlu zaten hayatımda çok önemliydi. Bitirme tezim bile "Beyoğlu kadını" üzerineydi: "Beyoğlu Kadını, 1930'lar Modası ve Şapkalar". O dönemki yaşantıları araştıran bir çalışmaydı, tezimin danışmanı da İstanbul yazarı Jak Deleon'du. Muazzam bir şeydi.

Üniversite arkadaşlarımın neredeyse hiçbiri bu alanda devam etmedi. Mimar Sinan Üniversitesi Moda Bölümü'nü bitirdik ama bu alanda gördüğüm neredeyse hiç kimse yok. Bu durum, bu ülkede kadın olmakla çok ilişkili. Çok kıymetli eğitimler alıyoruz fakat hayatımızın bir yerinde anne olmak, aileyi korumak adına ilk vazgeçen biz kadınlar olabiliyoruz. Bu Türk kadınının hayatında çok önemli bir etken. Çok yazık, çok da büyük bir emek kaybı. Bense üniversite yıllarından sonra hayata atıldım. İTKİB Genç Moda Tasarımcıları Yarışması'ndan ödül aldım, ardından Paris'e gittim, kısa bir dönem Paris Amerikan Akademisi'nde eğitim gördüm, oradan da dönünce Beymen Akademi'ye başvurup büyük ödülü kazandım.

1995'teki o Beymen Akademi Ödülü oldukça şaşırtıcıydı. Akademi'ye elbette ödülü kazanma umuduyla başvuruyorsunuz. Ama hayatınızda bu kadar etkisi olabileceğini fark etmiyorsunuz, o an o bilinçte değilsiniz. Yarışmanın şöyle çok güzel bir yanı vardı; yarışmayı 5 kişi kazanırdı, yani bir birincisi değil, beş birincisi olurdu. Bu beş kişinin koleksiyonları iki yıl boyunca Beymen mağazalarında kendi isimleri ile satılırdı. Bu verilebilecek en önemli ödül. Çünkü tasarımı o değerde görüyorsunuz, bir mağazaya koyuyorsunuz ve tasarımcının müşteri ile ilişkisi başlıyor. O tasarımı beğenen ve giymek isteyen kişi de sizinle buluşuyor. Bu hâlâ olabilecek en iyi ödül. Yarışma maalesef artık devam etmiyor, halbuki o dönem bana çok büyük bir ivme kazandırdı. Mimar Sinan Üniversitesi'nden öğretmenim olan Tamer Müftüoğlu benimle bir şirket kurmak istedi örneğin. Tasarım ofisi olarak yola çıktık, iş hayatım da böyle başladı aslında. Beymen'le ödülün getirdiği iki yıllık süre bittikten sonra ben kendim devam etme kararı aldım. Markamı ve işimi kurdum.

2000'li yıllar bana Fashion TV (2007) ve Elle Style Awards Yılın Moda Tasarımcısı ödüllerini (2011) getirdi. Paris Moda Haftası'ndaki ilk defilemi de 2011 yılında düzenledim. Tüm bunlara geri dönüp bakınca her şeyde şansın da bir payı olduğunu görüyorum. Ama bir yandan da hak edilmiş şeyler bunlar. Ne yaşıyorsak onu yaşamamızın bir sebebi var. O sebep nedir her zaman bilemeyebiliriz. Bazı şeylerin nedenini belki de hiçbir zaman bilmeyeceğiz. Fakat ben hepimizi bir arada tutan bir bağ olduğuna, o veya bu şekilde birbirimizi desteklediğimize, birimiz mutsuzsa hepimizin mutsuz olduğuna ama bunu fark etmediğimize inanıyorum. Aynı şekilde mutluluk da öyle. O yüzden umutlu olmayı seçmeliyiz.

Paris Moda Haftası'ndaki ilk defilemin ardından bir eleştiri çıkmıştı. Pleksiglas aksesuarlarımın üzerindeki parmak izlerinin belki minör bir hata olarak değerlendirilebileceğini, ancak yine de dev markalarla aynı platformda defile yapıyorsam, bunun sorumluluğunu da almam gerektiğini yazıyordu. Tabii büyük bir hayal kırıklığı yaşamıştım. Ama bu eleştiri daha sonra kendi parmak izimi tarayıp, bir sonraki koleksiyonda cesurca kullanmama sebep oldu. Bir sonraki defilede aynı moda muhabirinin notu değişti ve benden, hatalarını yaratıcılığa dönüştürebilen bir tasarımcı olarak bahsetti. Bu parmak izini bugün hâlâ tasarımlarımda, astarlarda kullanırım.

Moda tasarımcısı olmanın en keyifli yanı istediğin şeyi giyebilmek. Çünkü bedenimizi saran şey bizim ikinci bedenimiz oluyor. Onunla kurduğumuz ilişki biraz sorgulanması gereken bir ilişki. Çoğunlukla son derece özensiz davranıp çok niteliksiz kıyafetler giyiyoruz ya da sadece estetik olarak bakıyoruz. Oysa ki estetik, parametrelerden sadece biri. Fonksiyonellik, dayanıklılık, rahat ettirme, iyi hissettirme gibi başka birçok parametre var. Sadece estetik ve ekonomi üzerinden

İstanbul Arkeoloji Müzeleri bünyesinde sergilenen antik bir heykel.

karar vermek, bu ilişkiyi eksiltiyor, o parametreleri basitleştiriyor. Tasarımcı olmanın bir avantajı da deliliğinizi kabul edilir hale getirmesi. Kırmızı gözlerinize kimse bir şey demiyor örneğin. Fakat benim için en kıymetli kısmı, kendi ifade dilimi bulmuş olmak. Hayata karşı kendimi ifade etmenin bir yolu bu. Benim bulduğum, benim yürüdüğüm bir yol. Dolayısıyla çok şanslıyım.

Bu aralar moda düzenini biraz sorguladığım bir dönemden geçiyorum. Her altı ayda bir üretme döngüsünü biraz sorguluyorum. Bu kadar kıyafet ihtiyacımızın olup olmadığını düşünüyorum. Moda ve teknoloji artık çok ilerledi. Bir kıyafetin sadece bir sezonluk olması gerekmiyor. Gardıropların bu kadar kalabalık olmasına, niteliksiz ve bu kadar çok kıyafete hiç gerek yok. Nitelikli kıyafetlerle daha uzun süren ilişkiler kurabiliriz. Bir kıyafet hayatın geneline yayılabilir. Daha az, daha nitelikli, hem uzun süre dayanan hem de bizi hep sarıp sarmalayacak, bizim de ona iyi davrandığımız kıyafetler hayatımıza girmeli. O kadar çok tüketiyoruz ki... Bu tüketim alışkanlığının kırılmasının şartı büyük giyim endüstrisinin gitgide ucuzlayan ve o ucuzlama ihtiyacına paralel olarak daha kalitesizleşen ürün grubunun biraz değişmesi. Üretme döngüsü de burada önem kazanıyor. Bu döngü başta mevsimsel olarak tasarlanmış. Ama artık daha farklı yaşamlarımız var. Tabii ki hava 28 dereceyken giydiğiniz kıyafeti 3 derecede giyemezsiniz ama 1950'lerin sonunda bir kadının gardırobunda 8 elbisesi olduğunu ve aynı elbiselerle bir yıl geçirebildiğini biliyoruz. Şu an bunun fazlaca üzerindeyiz. Aslında artık biz de iş kıyafeti, kokteyl kıyafeti gibi ayrımların kalmadığı bir dönemdeyiz. Kendinizi taşıma tavrınız önemli, üzerinizdeki kıyafet ile mutlu, gururlu, keyifli ve konforlu olduğunuz sürece her yere gidebilirsiniz. Bu sürekli kıyafet değişikliği ihtiyacı kadının iş hayatında daha aktif rol almasıyla ortaya çıktı ve hâlâ oradan yürüyor. Tüketici profilinde başı çeken de ağırlıklı olarak kadınlar. Tüketici sözcüğü kelime olarak bile çok fena. Bakış açımızı tüketmeye sabitlemek yerine birlikte yaşamaya ve birleştirici bir perspektife bir dönüştürebilsek...

Başarılı bir modacı olmak için vereceğim tavsiye de dolayısıyla emek. Neye emek verirseniz onu büyütüyorsunuz. Tabii ki tekniği, malzemeyi, yaratma felsefesini çok iyi bileceksiniz. Neyi neden yarattığınızı bileceksiniz ve o şeyi yaratma kararınızın getirdiği sorumluluk alanınızı bileceksiniz. O kıyafeti yaparak kimin neye hizmet ettiğini bileceksiniz. Çünkü o bir zincir ve ona bir halka da siz ekliyorsanız doğurduğu sonuçların sorumluluğunu alacaksınız. Bence "yaratma sorumluluğu" dersi konulması lazım. Moda dünyası ne yazık ki kopyalanmaya en açık alan. Şu an perakende sektörünün en başarılı markaları en iyi kopyalayanlar. Çok acı bir şey. Çünkü burada yaratıcılık değil, operasyonel mükemmellikten bahsediyoruz. O zaman yaratıcıların da başka bir şey yapması gerekiyor. Bu nasıl olacak? Hem baştan hem sondan, iki taraflı düşünmek gerek. Tüketici dediğimiz kitlenin onu satın alarak aldığı sorumlulukla yaratıcı dediğimiz grubun onu yaratarak aldığı sorumluluğun birbirine yaklaşması mümkün olabilir. Siz en ucuzunu almaya kalktığınızda ve siz en ucuzunu tasarladığınızda bunu üreten insanlar gittikçe daha ucuz ve daha zor şartlarda, yetersiz haklarla çalışan bir kitle haline geliyor. Kumaşçısı, iplikçisi onu üretmek için hız odaklı düşünmeye başlıyor. Halbuki hız değil, bütününde beraber olmaya odaklı bir sistem kurulabilse herkesin hareketi başka olabilir.

İstanbul gibi metropoller daimi olarak bir plan içinde yaşamamızı gerektiren, çok yoğun, performans ve yüksek tempolu yerler. Sizin

planınızın birçok kişinin de planını etkilediği bir düzen içinde bulunmayı seçiyorsunuz. Onun içerisinde kendinize uygun bir yaşamı inşa etmek için emek de veriyorsunuz. Bu bir karar. Bu kararı verdikten sonra bundan şikâyet etmek anlamlı değil. İşinizi, hayatınızı, her şeyi elbette stresle ele alabilirsiniz. Bu belki de en kolay yol. Ya da bunu dönüştürmeye uğraşabilir, her şeyde daha iyi bir taraf bulmayı seçebilirsiniz. Tabii ki büyük bir felaket yaşanıyorsa onun bile iyi yanlarını bulmaktan bahsetmiyorum. Trafikten şikâyet etmek yerine metroyu kullanmak örneğin. Ben her günkü güzergâhımı arabayla gitmeye kalksam şikâyetimin de sonu gelmez. Mesela ben arabamı sattım, artık metroyla gelip gidiyorum. Hem daha hızlı hem de ne zaman geleceğini bildiğim için rahatça plan yapabiliyorum. Arabayla bunu yapamam. Bunun gibi minik çözümlerden söz ediyorum. Yaşamın keyfi bu küçük, günlük şeylerde saklı.

Buna rağmen dünyanın en sakin, en huzurlu insanı olduğumu söyleyemem ama hayatla uyumlu bir biçimde var olmaya çalışıyorum. İşim neyi gerektiriyorsa, hangi düzen içerisinde, hangi sistemde üretmem gerekiyorsa onu yapıyorum. Hele de bu beni mutlu ediyorsa, etrafıma bir fayda sağlıyorsa, üstüne ben de bunu yapma sürecinden memnunsam bunun beraberinde getirdiği stresi, stres gibi algılamak yerine o anın bir gerçekliği olarak görüyorum. Bununla kavga etmeyi

Sisli bir sabah vakti
Kadıköy vapurundan
Tarihi Yarımada silueti.

değil de, en iyi ne yapabilirim diye düşünmeyi tercih ediyorum. Diyelim ki yetiştirilmesi gereken ama geç kalan bir iş var. Olaylara şu şekilde bakmaya çalışıyorum: Ben bununla ilgili ne yapabilirim, nasıl bir çözüm üretebilirim? Her şey tabii ki her zaman mükemmel değil ama mükemmel olmayanın da o anın bir parçası olduğunu biliyorum ve yarın daha iyi yapabilirim diye düşünüyorum.

Ben masalların da gerçek şeyler olduğuna inanıyorum. Bir uzay boşluğunda, ortada yanan bir top ve etrafında dönen küreler... Bundan daha mistik bir şey olabilir mi emin değilim. Zaten hayatlarımızda her an bir mucizenin içinde yaşıyoruz. Nefes alan canlılar olmamız bile çok acayip bir şey. Bir yaratıcının varlığına inanıyorum ve buna layık olarak yaşamaya çalışıyorum. Tesadüf diyoruz ama tesadüf diye bir şey var mı gerçekten? Hayatın kendisi mesela... Ne kadar tadını çıkarıyoruz, bunun hakkını ne kadar veriyoruz? Bunu bazen hatırlamak gerekiyor.

Ama Paris'teki defile sonrasında ben de üç ay depresyondaymışım meğer. O sırada o üzgün olma halini tam anlayamadım. Üzgünlük, pişmanlık, nasıl böyle bir hata yaparım diye kendimle savaşıyormuşum. İnsan en çok kendini üzüyor ama onun bana bir faydası olmadığını fark ettim. Kimi yaratıcı zihinler vardır; mutsuzluktan, depresyondan beslenir. Onun o süreci yaşadıktan sonra ortaya koyduğu iş toplumu aydınlatabilir. Fakat bende süreç farklı işliyor. Ben hayatımı, yaşamı fark edecek kadar uyanık yaşamayı seviyorum. Baktığımda bu ağacı da görebileyim istiyorum. O ağacın dalı kırıksa onu fark edeyim istiyorum. Bu hayatla bitmek bilmeyen derdimizi bir nebze daha hayatı kabul ederek yaşamamız anlamına geliyor. Öbür türlü bütün derdimiz kendimizle. Bu da bu içinde bulunduğum dönemde kazandığım bir bakış. Daha önce merkezinde daha çok benim olduğum bir perspektifim vardı. Şimdi aynı tabloda birçok merkez olduğunu fark ettiğim bir zamandan geçiyorum.

İlhamımı her zaman İstanbul'dan, mimariden ve seyahatlerden alıyorum. İstanbul'un bu şikâyet ettiğimiz kaotik hali benim için bir yaratım süreci. Birçok kişi için de böyle. Seyahat ettiğimde, daha düzenli, daha medeni şehirlerdeyken bazen sanki bizim içimizdeki güç buranın tam da bu haliyle şekillenmiş gibi geliyor. Bu coğrafyada büyümüş, bu coğrafyada ayakta kalmış, bu coğrafyada üretmeye alışmış bir kadının yaratma faaliyeti bu. Yeri geliyor bir şeylere bazen farkında bile olmadan sinirleniyorum. Öyle durumlarda İstanbul'un sesi, martısı, gürültüsü, trafiği ve o zorlu koşullar içerisinde hayatta kalma gücü beni besliyor. Çok renkli bir şehirdeyiz. Öyle farklılıklar bir arada ki, her birinden başka bir şey çıkarabilirsiniz.

Zamanın bir ruhu olduğuna inanıyorum. O zamanın ruhu neyse, onun içinde hissettiklerimizi herkes kendi diliyle ifade ediyor. Edebiyatla, resimle, müzikle, sanatla, mimariyle... Bunların içinde moda popüler kültürün alanına girdiği için yaşanan değişimleri belki de en hızlı onda görebiliyoruz. Hissettiğimiz şey neyse, onun yansımalarını kıyafetlerde gösterebiliyoruz.

Bu açıdan bakınca tasarımın bir tür matematiksel düşünce yöntemi olduğuna inanıyorum. Müzik gibi. Geometri de, sayısal olmamasına rağmen estetik de aslında matematik çıkışlı. Zihnimizde bir kurgu olduğunu, o kurgunun bir düzeni olduğunu ve zaten en baştan bir düzenin varlığını kabul ediyorum. Kıyafetlerimde de çok grafik kullanırım. Bu aralar giyilebilir teknolojide farklılıklar yaratmak üzerine uğraşıyorum. Bunları moda dünyasına nasıl entegre edebiliriz, gerçek hayata nasıl girebilir, hâlâ araştırma, geliştirme aşamasında olan projelerin gerçek anlamda insanlarla buluşması nasıl olabilir, biraz bunları düşünüyorum. Teknolojiyi takip etmeyi seviyorum. Moda ve teknoloji ilişkisine ilgim hep vardı ama tekstilde teknoloji son yıllarda gelişmeye başladı.

2015 yılında Türkiye'nin ilk hologram defilesini yaptım. 2016 yılında tasarım, müzik, dans ve teknolojinin birleştiği Dijital Senfoni'yi ve Türkiye'nin ilk dijital couture show'unu sunduk. Önce nanoteknolojiyle başladı, şimdiyse elektronik tekstillerden bahseder hale geldik. Bu aslında mesleki bir merak olsa da hobi olarak başladı. Sonra yavaş yavaş işimin merkezine kaydı ve bu show'larla ortaya çıktı. Giyilebilir teknoloji alanında bir şeyler üretmek istiyorum. Akıllı ceket tasarladım. Sadece laboratuvar ortamında, Vodafone için tasarladığımız bir ceket... Yaz kış giyilebilen, yazın güneş enerjisini toplayıp bedeni soğutan, kışın da ısıtan, boyu uzayabilen kapüşonu kapanan bir ceket. Bir de business koleksiyonu çıkardık. Günümüz aktif kadınının daha rahat edeceği, çok fazla kıyafet ihtiyacı olmadan, belki on, on bir parçayla birçok yerde kullanabileceği bir koleksiyon. Bunu Arzu Kaprol BIZ adıyla yapıyorum. Dönem dönem başka markalara çalışıyorum. Mesela Karaca için kahve fincanları yaptım, orada yemek takımlarımız var. Bir porselen serisi. Daha önce Mudo ile işbirliğim vardı. 10 yıl NetWork markasının kreatif yöneticiliğini yaptım. 12 yıl önce Türk Silahlı Kuvvetleri'ne de tasarım yaptım. Bildiğim kadarıyla hâlâ kullanıyorlar. Sonra F-16 pilotlarının özel kıyafetlerini tasarladım. Denemek istediğim alanlar var, mesela astronot kıyafeti, uzay kıyafeti yapmak istiyorum. Bana bıraksanız helikopter de, uzaygemisi de tasarlamak isterim.

Tabii kadın bedeniyle çalışmayı çok seviyorum. Bir kadın olarak yine bir kadın için bir şey tasarlamak hoşuma gidiyor. Tanımadığım bir beden için değil, zaman içerisinde değişen özelliklerine kadar bildiğim, yaşadığım bir beden için tasarlıyorum ve onu daha iyi göstermeye, hissettirmeye dair bir özen içinde yaklaşıyorum tasarıma. Özel tasarımlar da yapıyorum, ünlü isimlerle de çalışıyorum. Müşterilerle çalışmak sevdiğim bir şey. Kaprisli müşteriler de çıkabilir ama o kapris kendini tanımamaktan doğan bir endişedir aslında. Neden o tereddüdü yaşadığını anlayıp doğrusunu önerirseniz aşılmaması mümkün değil. Kişiye özel tasarım siz var olduğunuz sürece var olan bir iş modeli. Fiziksel olarak her an orda olmanızı gerektiren bir süreç. Tek zorluk bu olabilir.

Ben bir de altı yıldır single mother'ım. İkiz çocuklarım var, şu an tam 16 yaşındalar. İlişkilerimiz iyi sanıyorum ama tabii ki nesil farklılıkları ortaya çıkacaktır. Dinleyip anlamaya çalışıyorum ama tam olarak beceriyor muyum bilmiyorum. Geçen yıl çok seyahat ettiğim bir zamanın sonunda biraz da vicdan azabıyla "Benim yoğun seyahat ettiğim zamanlarla ilgili ne hissediyorsunuz?" diye sordum. Onların da yoğun sınavları vardı. Tam 8. sınıf sınavı zamanları... Biri "Anne seni tabii ki özlüyoruz ama sana ihtiyacımız yok, senin iyi bir şeyler yaptığını biliyoruz ve burada olmaman bir sorun değil" dedi. Diğeri dedi ki "Anne senin neden seyahat ettiğini biliyoruz, seninle gurur duyuyoruz. Biz halimizden memnunuz." Bunları duymak beni rahatlattı. Dünyada da bekâr anne olmak zor ama bu coğrafyada özellikle zor. Bir sürü şeyi aynı anda yapmaya çalışıyorsunuz, bekâr anne olan arkadaşlarımın hepsi öyle. Çok özenli davranmaya çalışıyoruz, kimimiz bir şeyleri daha fazla, kimimiz daha az yapabiliyor ama her zaman en iyisini yapmaya çalışıyoruz.

Bu emeği çocukların kendi hayatlarında büyük kırılma noktaları yaşamamaları ümidi ile veriyoruz. Seviliyor ve önemsendiklerini bilmeleri kilit bir şey. Bana da onlardan görüş alıp devam etmek bazen daha kuvvetli hissettiriyor. Bir akşam bir yemeğe gideceğim ve bir şort, bir gömlek giymişim mesela. Yine bu coğrafyaya ait bir duygu, gayri ihtiyarı kendini gösterdi. "Çocuklar sizce böyle gidebilir miyim metroyla, ne dersiniz?" diye onlara sordum. Şimdi düşününce aslında erkeğe sorup, erkekten onay alma ihtiyacına bile bağlanabilir bu. Ama biri "Niye soruyorsun ki anne, sen özgür bir kadınsın ve nasıl giyineceğini en iyi sen bilirsin" dedi.

Çocuklarım beni eğitiyor. Onların gözleriyle bakmaya çalışıyorum dünyaya, yaptığım işlerde onların yansımasını da görebiliyorum.

İstanbul Arkeoloji Müzesi'nin Yunan tapınağı formundaki neo-klasik cephesi.

Belgrad ormanında
güneşli bir sabah.

İlk 3

İSTANBUL FAVORİM

1

İstanbul Arkeoloji Müzeleri

"Şehirde kaybolmayı çok seviyorum. En son Arkeoloji Müzesi'ndeydim; yeni bir bölümü sekiz yıldan sonra açıldı. O kadar büyüleyici ki! Orada 'bu benim şehrim' dediğiniz halleri yaşamak müthiş."

Arkeoloji Müzesi, Eski Şark Eserleri Müzesi ve Çinili Köşk olmak üzere üç bölümden oluşan müzenin koleksiyonunda, son birkaç yüzyılda Osmanlı İmparatorluğu topraklarının dört bir yanından gelen bir milyona yakın eser bulunuyor.

Alemdar Cad. Osman Hamdi Bey Yokuşu, Gülhane
0212 520 77 40
Pazartesi hariç her gün, kışın 09:00 – 18:00, yazın 10:00 – 17:00 arası açık.

2

Belgrad Ormanı

İstanbullular için sabah koşularının ve hafta sonu gezintilerinin değişmez mekânı, şehre nefes aldıran can simidi. Yaz aylarında mesire yerleri aşırı kalabalık olsa da sonbahar, ormanın tadını çıkarmak için en uygun zaman. Bizans döneminden itibaren İstanbul'un suyunu sağlayan dereleri, bunlar üzerine yapılmış bentleri ve göletleriyle bir doğa harikası. Yılda birkaç sefer düzenlenen Geyik Koşuları, Jilber Barutçiyan'ın mevsiminde düzenlediği mantar avı gezileri de Belgrad Ormanı'nda yapılabilecekler arasında.

3

Tomtom Mahallesi

"Tomtom mahallesinde İstanbul'un en iyi simitçisi vardır. Simidinizi alıp hemen yanında, tasarımcı Özlem Tuna'nın takı ve ev aksesuarları dükkanına girerseniz o size çay, peynir ya da kahve ikram eder."

Tomtom Mah. Boğazkesen Cad. No: 63/A, Beyoğlu
0212 527 92 85
ozlemtuna.com

Arzu Kaprol'un İstanbul'u

"Şehirde kaybolmayı çok seviyorum. En son Arkeoloji Müzesi'ndeydim; yeni bir bölümü sekiz yıldan sonra açıldı. O kadar büyüleyici ki!"

İçinden Deniz Geçen Şehir: İstanbul

"Dönem dönem farklı yerleri hissettim, ya da burada yaşamak nasıl olurdu diye düşündüm. Paris'te yaşadım. Bir dönem New York'u düşündüm. Ama galiba daha sıcak, insancıl ilişkilerin kurulduğu İtalya, İspanya, Yunanistan hattı bana biraz daha yakın. Akdeniz kıyısında olmak, denize yakın olmak önemli. Neticede içinden deniz geçen tek şehir İstanbul. Bence burada bir restorana girip 'Açım!' deseniz size bir çay simit mutlaka verirler. Buraya özgü, çok kıymetli bir şey bu."

İstanbul'un Lezzetleri

HÜNKAR 1950

"Nişantaşı'nda Osmanlı mutfağı sunan bir esnaf lokantası; çok temiz ve alçakgönüllü."
Klasik Türk mutfağının yanında, humuslu ahtapot carpaccio gibi deniz ürünlerinin de menüde yer aldığı, üç kuşaktır Ügümü ailesi tarafından işletilen istikrarlı bir müessese. Nişantaşı'nın yanı sıra Etiler'de, Maslak42'de ve Vadistanbul'da şubeleri bulunuyor.
Mim Kemal Öke Cad. No: 21, Şişli
0212 225 46 65
www.hunkarlokantasi.com
Her gün 11:30 – 22:30 arası açık.

DELICATESSEN

Nişantaşı'nın popüler caddelerinden Mim Kemal Öke üzerinde, kahvaltıyla başlayıp geceye sarkan servisi ve şık dekoruyla yıllardır cazibesini koruyan bir mekân. Ağız sulandıran kişler, yaratıcı tatlılar ve kokteyller sunan sade ve iyi düşünülmüş menüsünün yanında özel peynirler, şarküteri ürünleri ve ev yapımı reçeller de satışa sunuluyor.
Mim Kemal Öke Cad. No. 19
Nişantaşı - 0212 225 06 04
www.delicatessenistanbul.com
Her gün 08:00 – 01:00 arası açık.

GABFOODS

Türkiye'nin ilk glutensiz restoranı olarak Kuruçeşme'de konuk ağırlayan işletme, aynı zamanda humustan ev yapımı tofu'ya, kombucha'dan çeşitli egzotik soslara pek çok doğal ürünün satıldığı bir dükkân kısmına da sahip. Sağlıklı ürünlerle hazırlanmış, Paleo diyetine uygun tabaklardan oluşan menüsü, ekmek ve

pasta çeşitleriyle dikkat çekici. Veganlar için de bolca seçenek mevcut.
Kuruçeşme Mah. Arnavutköy, Kuruçeşme Cad. No: 2, Beşiktaş 0212 287 20 87 - gabfoods.net
Her gün 10:30 – 16:30 arası açık.

KANDİLLİ SUNA'NIN YERİ
Boğaz kıyısında yaşayabileceğiniz en sıra dışı yeme-içme tecrübelerinden biri. Kandilli İskele meydanına atılmış masalarda, ışıltılı Boğaz sularını seyrederek günü batırırken, bir taraftan da tipik meyhane lezzetlerini tadabileceğiniz bir balık lokantası.
Kandilli Mah. Kandilli İskele Cad. No: 17, Üsküdar - 0216 332 32 41
Her gün 12:00 – 24:00 arası açık.

Hafta Sonu Gezintisi

EMEK KAFE
"Burada kahvaltıyla güne başladıktan sonra, Yeniköy-Tarabya hattında yürüyüş yapmalı." Emek Kafe, denize nazır konumu ve sunduğu klasik Türk kahvaltısıyla yılların değişmeyen Yeniköy klasiği. Bu güzel Boğaz semtinin tadını çıkarmanın en iyi yollarından biri ise Yeniköy'den Tarabya'ya doğru uzanan 3,5 kilometrelik sahil şeridini yürümek.
Yeniköy, Köybaşı Cad. No: 57, Sarıyer - 0212 223 77 28
Her gün 07:00 – 22:00 arası açık.

MİNOA
"Akaretler'den Maçka'ya doğru çıkarken, favori kitapçım." 2014'ten beri faaliyet gösteren bu kitapçı, 45.000'in üzerinde Türkçe ve İngilizce kitabın satıldığı üç katlı mağazasının girişindeki kafe ve brasserie'siyle hafta sonu brunch'larının popüler adresi.
Vişnezade, Süleyman Seba Cad. No: 52/A, Beşiktaş
0212 236 94 52 - minoa.com
Her gün 09:00 – 00:30 (pazar günleri ise 10:00 -23:00) arası açık.

Alışveriş Tutkusu

SEMT PAZARLARI

İstanbul'un semt pazarı geleneğini sürdüren mekanlarından ikisi: Pazartesi günleri açılan Sarıyer Köylü Pazarı ile cumartesi günleri açılan Feriköy Organik Pazarı. Feriköy Pazarı için her hafta Türkiye'nin dört bir yanından üreticiler bir araya geliyor.

OMAR BABAN DESIGN

Farklı kültürlerden parçaları modern bir bakış açısıyla birleştiren dekoratif obje ve aksesuar tasarımları. Anadolu kilim motiflerinden esinlenmiş porselen tabaklar, ikat desenli kumaş kaplı abajurlar ve yeniden yorumlanmış kaftanlar, Kuzguncuk'ta ev sıcaklığında bir showroom'da sergileniyor.

Kuzguncuk, İcadiye Cad. Yılmaz Apt. No: 103 Daire: 1, Üsküdar
0534 085 12 20
www.omarbaban.com

Vazgeçilmez Yaz Ritüeli

MUA

"Yeniköy'deki şahane dondurmacım."

İstanbul'a yerleşen Floransalı Elena Palotta'nın, şehir sakinlerini gerçek İtalyan dondurmasıyla tanıştırdığı minik dükkanında, yerel taze ürünlerle hazırlanmış çeşitler satılıyor.

Yeniköy Mah. Köybaşı Cad. No: 126
0212 299 8484 - www.mua.com.tr

Kültürel Keşif

EKAVART GALLERY

"Süzer Plaza'da, Ritz'in altındaki

bu sanat galerisi, aynı zamanda bir vakıf. Genç sanatçıları yetiştiriyorlar. O vesileyle Aydan Özmenoğlu'yla da tanışmıştım. Müthiş genç sanatçılar geliyor!"
Askerocağı Cad. Ritz Carlton Otel, Süzer Plaza No:15, Gümüşsuyu
0212 252 81 31
www.ekavartgallery.com

KAPALIÇARŞI
"Kapalıçarşı içinde, neresi olduğunu söylemeyeceğim gizli kumaşçılarım var. Lokal üretimi desteklemeyi önemsiyorum. Ne zaman gitsem Çinili Kafe, Fes Cafe veya Şark Kahvesi gibi çarşı içindeki mekanlardan birinde otururum."

Ağırlama Sanatı

HAGIA SOPHIA MANSIONS
"İstanbul kültürüne katkılarıyla her zaman anımsanacak Çelik Gülersoy'un kurduğu Yeşil Ev yeniden açılmış!"
Curio Collection by Hilton zincirine dahil olan otel, bir zamanlar Sultanahmet'in en karakteristik butik oteli olan bu ahşap konağı oryantal detaylarla yeniden döşemiş. Mekânın gözlerde uzak arka bahçesindeki çadır görünümünde bir limonlukta misafir ağırlayan restoranı da çok şık.
Kabasakal Cad. No: 5
Sultanahmet, Fatih -0212 912 42 12
curiocollection3.hilton.com

SPLENDID PALAS
"Hafta sonu kaçamağı için!"
Sakızlı Müşir Kazım Paşa'nın 1908'de otel olarak yaptırdığı, doğu batı sentezi bu şık ahşap bina, aydınlık bir iç avlu etrafında dizilmiş 60 odası ve süitiyle konuk ağırlamayı sürdürüyor.
23 Nisan Cad. No: 39, Büyükada
0216 382 69 50
www.splendidhotel.net

Kapalı Çarşı'daki kumaşçılar.

Kadıköy vapurunu
takip eden martılar.

"İstanbul hep Boğaz kıyısı ve Marmara Denizi'nin etrafı demektir benim için. Onun için bu şehirde kaldım diyebilirim."

AYLİN YAZICIOĞLU

Yönetici Şef – Gastronomi Yazarı

Akademiden Mutfağa

Aylin Yazıcıoğlu ile: Çok kültürlü Galatasaray Lisesi tedrisatından Cambridge'de sosyoloji doktorasına, geleneksel aile sofralarından La Liste'in ilk 100 listesine.

1967 İstanbul doğumluyum. Anne tarafı Yugoslavya'dan göçmüş. Bize Türk Arnavutuyuz diye bir şey söylediler. Ama sonradan anladım ki asimile edildikleri için Arnavutuz diyemiyorlar. Evde de bir tek anneanne ve dede Arnavutça konuşuyor, o da bir şey saklamaları gerektiğinde. Annem dahil hepsi Türkçe öğrenmişler. Baba tarafı Adanalı. Ama daha ziyade Toroslar. Dolayısıyla ne kadar İstanbullu olsam da iki taraftan bir dağlılık söz konusu. Hayat boyu kendisiyle yarıştığım bir abim var.

DEUXIÈME ANNÉE N° 79

La Cuisinière
CORDON-BLEU
REVUE HEBDOMADAIRE ILLUSTRÉE

Administration : 1, 3, 5 et 7, Galerie d'Orléans (Palais Royal)

Directrice : Mlle Marthe DISTEL

La Reproduction des Articles signés et des Gravures est interdite

COURS DE CUISINE
PAR
M. CANU
Ex-Chef des Cuisines de M. le Prince d'Arenberg

Formule 189. — Potage Comtesse, au maigre

AVANT que les asperges fraîches disparaissent complètement, il est bon d'en profiter pour exécuter le Potage Comtesse, qui est la préparation culinaire faisant le mieux ressortir la valeur hygiénique des asperges.

Ce potage se fait au gras ou au maigre, suivant le goût : celui préparé au gras a déjà été publié dans notre

Başarı tanımım bile "Kaan'ın yaptığının daha iyisini yapmak" olarak şekillendi. İkiz kardeş gibi büyüdük. Ben bir kız çocuğu olduğumu çok zor kavradım. Sırf o girdi diye onun peşinden Galatasaray Lisesi'ne girdim. Halbuki Alman Lisesi'ni kazanmıştım. Belli bir yaşa kadar "ben daha yükseğe sıçrarım" gibi bir rekabet vardı.

Evde genel olarak ana tema yemekti. Ocak kelimesi İngilizcede de vardır, hearth. Fonetik olarak kalbe, yani heart'a ne kadar yakın. Bizim dilimizde de ocak çok mühimdir, "ocağı söndü" deriz mesela. Ben iki türlü sofraya doğdum. Bir tanesi karma bir coğrafyanın sofrasıydı. Geleneksel aileler, büyük sofralar, büyük aileler... İkinci sofra, evdeki 001 numaralı Türkiye İşçi Partisi'nin sofrasıydı, parti bizim evde kurulurken ben Behice Boran'ın kucağındaymışım. Bana "Fransızca okurken nasıl Türk halk müziğine bu kadar aşinasın?" diye sorarlardı. Şimdi "Çünkü bizim eve Ruhi Su gelir, saz çalardı, babamlar da hep söylerdi" diyorum ama o sıralar o kadar şımarıksınız ki farkında bile değilsiniz evden böyle efsaneler geçtiğinin.

Matriyarkal bir evdi. Babaanne eskilerin "Osmanlı kadını" dediği kadınlardandı. İlginç biriydi, dört erkek çocuğu, gelinler, evlatlıkları, torunlar filan... Yıllar sonra 3 yıldızlı bir şefin mutfak disiplinini görünce o zaman farkına vardım, "e babaannem böyle çalışırdı" dedim. Anneannem de öyle zaten, onda da Arnavutluk var, sadece yüzüne bakarak ne dediğini anlarsınız. Kaş göz ederek, emir komuta zinciri kurulur derhal. İnanılmaz bir titizlik vardır. Ben onların komileriyim. Evde kız torun da çok. "Kızlar bu ülkenin aydın kadınları olacaklar" diye düşünürlerdi, kızlar mutlaka okutulurdu. Başlarını örtmezlerdi ama inançlı kadınlardı. Ortamda komünist baba var, onun dindar annesi var ama evde bunların hiçbiri birbiriyle çatışmıyor. Ama bir kez babaannem "Seni biraz daha dinlersem günaha gireceğim, şüphe etmeye başlayacağım" diye babamla şakalaşmıştı. Açık görüşlü, rahat bir evdi.

Ailem ve ilk gençlik yıllarımdaki bu etkilerin bugünkü Nicole'de çok etkisi var. Nicole* sonuçta 30 kişiye servis veren bir şef restoranı. 30 kişi dediğimiz de aslında kalabalık bir aile yemeği ediyor. Sadece tadım menüsü servis ediyoruz; bir annenin, gelinin, kızlarının kendi marifetlerini parça parça sergileyip sofrayı donattıkları bir formattan esinleniyoruz. Noel yemeği usulünü de andırır ama biz bu servis biçimini çocukluktan, kendi kültürümüzden öğreniyoruz. İnsanlarda yakalamaya çalıştığımız mutluluk da o aile mutluluğu aslında. İnsan kurban bayramında o kadar taze et nasıl yenecek diye düşünür örneğin. Bir seferinde babaannem "bak, birinci gün, ilk yemek kavurma olacak, ardından içi önden hazırlanmış, dışı yoğrulmuş içliköfte gelecek" diye anlatmıştı. Ama o zaman tabii akıl bir karış havada, bir de o anlatırken oturup yazmaya kıyamazdım, sanki "dur, göçüp gideceksin bir gün, bari şunları unutmayayım da yazayım" der gibi... O hep orada kalacak, hep size öğretecek, her bayram geldiğinde tekrar edecek gibi geliyor ama öyle olmuyor. Yemekle ilgili bazı şeyleri anlatamıyoruz, "elinin tadı" filan deriz mesela. Aslında elden ziyade damak önemlidir. Bir de çekirdekten yetişmek diye bir şey var. Doğu ve batının sentezlendiği aile mutfağımız bugünkü çalışmalarımın, arayışımın kökeni oldu.

Galatasaray Lisesi'nde geçirdiğim yıllar beni ben yaptı. 11 yaşında girdiğiniz bir lise düşünün; bir yuva aslında, okul değil. Birinci sınıf karmaydı. Sonra kızlar Ortaköy'de şimdi üniversitenin olduğu yerde, erkekler de Beyoğlu'nda devam ediyordu. Galatasaray'ın tarihi çok kültürlüydü. Suriye cumhurbaşkanı, İsrail başbakanı ve Arnavut prensi aynı sıralarda okumuş zamanında. Batıyla doğunun karşılaşmasını, birlikte gelişmesini Galatasaray'da görebiliyoruz. Orada okuyanların birbirine sahip çıkması, dayanışması oradan başlıyor. Akıllı çocukları okula alıyorlar, kendi karakterlerini bulmaları için bir sosyal alan yaratıyorlar ve gelişmelerini destekliyorlar. Bazen söyleşilerde "mutfakta kadın olmak ne demek?" gibi sorular geliyor. Ben zaten bir erkek evreninde var olmayı öğrendim. Kızların olduğu okul bile bir erkek okuluydu aslında. Kızlar Galatasaray'a çok sonradan kabul edilmiş. Bu varoluş mücadelesi de çok güçlü kadınların yetişmesini sağlamış. Benim yemek yapma, pişirme merakım o zaman da vardı. Arkadaşlarımın doğum günlerinde benim muzlu rulo pastam çok sevilirdi. 12. sınıftayken bir sefer evde toplanmışız, herkes üniversite sınavına gireceğiz diye test çözüyor, ben elmalı pasta yapıyorum. Annemden gizli yapıyorum güya. Ama apartmanı elma ve tarçın kokusu sarmış. Annem vaktinden erken geldi, ben de koşup pastayı balkonda bir şeylerin altına yerleştirdim. Annem tabii anladı ama "Hadi çıkarın şunu da, bir çay demleyip yiyelim hep beraber" dedi.

Galatasaray Lisesi'nden sonra Boğaziçi'nde sosyoloji okudum. İdollerden biri babam, biri de Behice Boran'dı. Babam doktordu. Birileri "babasını takip edecek" dediğinde çok hoşuma gidiyordu. O yüzden matematiği zorladım ama bir yandan da sözel dersler, edebiyat ve diğer idolümden gelen, daha çok ilgimi çeken sosyoloji var... İpek Merçil, çok yakın arkadaşımdı o zamanlar da. Onunla beraber sosyolojiye girdik.

Lisanstan sonra İngiltere yılları başladı. 1993-2005 yılları arası orada kaldım. İngiltere'de Essex Üniversitesi'nde yüksek lisans yaptım, sosyal tarih doktorama Cambridge Üniversitesi'nde devam ettim. Orada yaşarken part-time sekreterlik yaparak, bir şeyler satarak kendi ayaklarım üzerinde durabildim.

Doktora sırasında hazır şeyler yemiyordum, yemek pişirmek çok hoşuma gidiyordu. O zaman hazır yemek sektörü bayağı başlamıştı ama o endüstriyel tat bana iyi gelmiyordu. Bulunduğum yer de epey karma bir ortamdı. Meksikalı, Japon ve İrlandalı bir kızla dörtlü odalarda kalıyorduk. Biri gelip "şekerimi almışlar" diyor, biri banyodaki küvette bira mayalandığını görüp bağırıyor, gündemde sürekli bir yemek hikâyesi var! Diğerlerinden biraz da büyüğüm, gittikçe ders yapmamak için kendimi yemeklere veriyorum. Bir yandan da başka mutfaklara merakım başladı. Annem kız enstitüsü mezunuydu, büyürken evde içliköfte de olurdu, stroganoff da. Bize dondurma yapardı ödül olarak. Dolayısıyla farklı yemekler hayatın hep içindeydi.

Doktoranın üçüncü senesinde "bu iş artık çok uzadı, galiba ben ayak diriyorum" deyip başka bir şey düşünmeye başladım. Doktora için çok çalışıyorsunuz, inat var, o var, bu var ama tünelin ucu gözükmüyor Allah gözükmüyor... Benim doğama uygun bir şey olmadığının farkında değildim. Çünkü "akıllı kızımız, çok okuyacak kızımız" laflarıyla büyümüşüm. Bunu terk edip, aşçılık yapmak olacak iş değil. İlginçtir, tezim toplumsal cinsiyet üzerineydi. Sıklıkla "acayip feministsiniz, kadın zaten yemek yapıyor, siz nasıl dinleneceksiniz?" diye sorulurdu. Toplumsal cinsiyet araştırmalarıma rağmen ben bile

Eski Rum mahallesi Balat'ın restore edilmiş rengarenk cumbalı evleri.

"profesyonel olarak yapsanız?" sorusuna öyle yanıt veriyordum! O sıralarda yemek kitapları almaya başladım. Önce tarif kitapları, sonra onlar beni kesmeyince teknik kitaplar... Bir tanesi de Cordon Bleu'nun mutfak kitabıydı. Kitabın içine bir de Londra'da yapılacak bir demo için kupon koymuşlar. O dönemki partnerim Cambridge'te felsefe profesörü. Amerika'ya mı gitsek diye düşünüyoruz ama ben artık akademide kalmak istemiyorum. Bu arada doktora ne olacak hiç emin değilim...

Sonra Londra'daki demo'yu görmeye gittim. Hiç unutmuyorum somon terrine vardı. Ben de yapıyordum, kremli bir şey oluyordu. Yine de güzel olmuş diye yiyorsun. Oradakine bir baktım, dokusu bile ipek gibi. O dokuyu, seasoning dediğimiz tuzunun, karabiberinin, salatanın vinaigrette'nin her şeyiyle tam olduğunu unutmuyorum. Çok basit bir bistro tabağından bahsediyoruz aslında. Ama o tabak, yanındaki file steak hâlâ aklımda. Çok etkilendim, "ben yemek yememişim" diye döndüm. Ardından "önce doktorayı bitireyim, bir sene sabbatical alayım, profesyonel düşünmüyorum ama hoşuma gidiyor hem de biraz dinleneyim" diye düşünmeye başladım. Sonra dedim ki, kendini kandırma. Yaş kaç olmuş, İngiltere zaten pahalı bir yer. Bir gecede verilmiş bir kararla olmuyor bu işler... Kötü bir dönemdi. O arada bahçeciliğe de sarmıştım. Bir kitchen garden'ım vardı. Şehrin biraz dışında bahçeli bir evde yaşıyorduk. Orada biraz gül üretimine girmiştim. O zaman da botanik mi okusam diye düşünmeye başlayınca, anladım ki ben sürekli okumak diye diye bir kaçışın içindeyim. Artık gözünü seveyim, bir şey okumak yerine yap yani! Acaba bu doktoranın getirdiği bir bunaltı mıydı diye düşünüyordum. Çünkü noktalı virgül ve virgülün yeri değişti diye azar işittiğiniz bir ortamı yaşıyorsunuz Cambridge'te.

Bir akşam eve dönerken Thai yemekleri yapan dökük bir pub'da eleman aranıyor ilanı gördüm. Oraya girdim. Daha pis bir mutfak hayatımda görmedim. Nehir yüzünden fareler de büyük sorun malum... Orada bile hevesim kırılmayınca kolları sıvadım. Yaşım bu sırada 36. Mutfağa girmek için imkânsız bir yaş, kimse beni kabul etmez diye düşünüyordum. Şansıma Cordon Bleu'da yaş sınırı yoktu, beş param yok ama Paris'e, Cordon Bleu'ye gitmek için niyet mektubu yazdım ve kabul edildim. O arada küçük bir para geldi, bir arkadaşım sayesinde kirasız bir yere kapağı attım, şimdi de buradayım işte.

Ben çıraklığa inanıyorum. Artizanal bir meslekte önemli olan ustadan el almaktır. Ben o yaşta okula giremezdim, aklımın alması için metodik bir şekilde çalışabilmem lazım benim. Başta Fransız şeflere "Düşünüyorum da..." diye başlayan cümleler kurduğumda "Düşünmüyorsun, yapıyorsun" diye düzeltirlerdi. İşin bu kısmı ve akademiden geçiş çok zordu. İnsan "Ama bir dakika daha dün profesör bilmem kimle oturmuş düşünüyordum" diye kalakalıyor. Başka birinin sizin yerinize karar vermiş olması zor; aklın kavrıyor ama elin öyle takip edemiyor. Önce tekniği öğrenmek zorundasın, onun için de bu katı kuralları kabul edeceksin. Ben bu aydınlanmayı kendime 40. doğum günümde tango öğrenmek için Buenos Aires seyahati hediye ettiğimde de yaşadım. Tango lead etmeye yani öncülüğe, takip etmeye ve dinlemeye dayalı. Ben hiçbir şekilde lead edilmeye hazır olmadığımı gördüm. Çok ilginçti. Herkes keşke beraber çalışacağı ya da ilişkiye gireceği insanla öncesinde dans edebilse. Üç dakikada bir insanın karakteri anlaşılır mı? Tangoyla anlaşılıyor.

Diplomaya kadar süren dönem dokuz aydı ama ben orada asistanlığa soyundum ve bu şekilde yarısını burslu okudum. Oradaki şeflerin

asistanlığını yapıyordum, demo hazırlığı yapıyor, sınıfta yardım ediyordunuz. Staja girdiğim yer bir çikolatacıydı. Pastacılıkla da tanıştım. Ama asıl çikolatayla tanışmam bana “İşte bu!” dedirtti. Çikolata karakterime tamamen uyan bir malzeme. Çünkü 28 derecede her şey mükemmel, 30 derecede bozuluyor. O iki dereceyi kontrol edeceksiniz. “Seni yeneceğim çikolata!” dedim. Tango gibi bir ilişki işte. Ama üretim tarafı benim için çok monotondu. O süreçte Londra, Barcelona, Donostia-San Sebastián, Leuven ve Paris’te çalıştım. Olabildiğince değişik ve yıldızlı şeflerle çalıştım, özenli çalışmayı görüp iyi ürüne ulaşabilmek emek verdim. Fakat ta başından beri hedefim Türkiye’ye gelmekti. Ne yapacağımı bilmiyordum ama hedef Türkiye’ydi.

İyi yemek pişirmek istiyorum diye yola çıkmıştım, kafe gibi bir şey açarım diye düşünüyordum. Böyle bir hayatın içinde hâlâ aile kurmak gibi planları oluyor insanın. Dolayısıyla daha insani saatlere yöneliyorsun, restoranı seni aşacak bir şey olarak düşünüyorsun ve gözün yemiyor. Ve tabii erkekler inanılmaz baskın. Onların yanında çalışmak diye bir durum yok. Kendi restoranımı açmak o kadar uzak ki... Ama 2013’te Türkiye’ye döndüm ve başka bir kırılma noktası daha yaşandı.

Amcama ait bir otel vardı: Tomtom Suites. Onlar “Otelin restoranı var, burada çalışmak ister misin?” diye sordular. Başlamak için kötü bir alan değil diye karar verdik. Burası bilinen tarzda bir otel değil.

İstanbul’a vapurla bir saat mesafede hafta sonu kaçamağı: Prens Adaları.

Otelden çıkarken sağ taraftaki panoda eski fotoğrafları, bir de eski Türkçe yazılmış tapuyu görebilirsiniz. Burası Fransisken Rahibeleri'ne ait. Yan tarafta zorda kalmışlar, yaşlılar için bakımevi gibi bir yer var. Oradaki rahibelerin de yaşadığı bina. Son rahibe de Agnes Marthe Nicole. Aslında yapmak istediğim şeyin evi burasıymış. Yani burası Nicole'u bekliyormuş.

Otel önce aslına uygun olarak restore edildi. Fransızcada restore etmek ve restoran kelimelerinin kökeni aslında çorbacılara dayanıyor. Devrimden sonra asillerin yanından ayrılmak zorunda kalan aşçılar kendilerine iş yaratabilmek için çorbacı gibi hana benzer yerler açıyorlar. Orada karnınızı doyuruyor, yani restore olmuş oluyorsunuz. Restoran sözcüğü oradan geliyor; ben de bu yemek, sağlık, rahibeler ve gastronomi bağlantısından hareketle buranın adı Nicole olmalı gibi hissettim. Arada beni Nicole diye çağırıyorlar. "Yok, Nicole ben değilim" deyip, geçmişini anlatıyorum.

Tapuyu 1923'teki Yahudi mübadelesinde binaya el konulmasın diye hazırlıyorlar. Yoksa bir rahibenin dünyevi malı mülkü olamıyor. Yaşayan son başrahibe Agnes Marthe Nicole'u bu tapu sayesinde öğrendik. O da öldükten sonra binaya el konuluyor, sanırım Ziraat Bankası arşivi olarak kullanıyorlar ve epey yıkılmaya bırakılıyor. Bazı acayip fotoğraflar var, kedi yiyen fareler geziyor! Restorasyon sırasında ahşap merdiven yapılacaktı, meğer o merdiveni onu o şekilde bükmeyi becerebilen adada yaşayan bir usta kalmış. O usta geldi, yapım sırasında özüne sadık kalmak için bu tarz özel işleri yapan ustalar bulundu hep. O yüzden güzel, iyi bir his var burada. Bölgede inanılmaz bir tarih var bir de... İtalyan Venedik Sarayı burada; yanımız Fransız Sarayı; Kapitülasyon Mahkemesi burada, kapısında hâlâ "Lois", "Justice", "Force" yazar; biraz aşağıda Peymane diye bir kebapçı var; onun hemen yanında eski yetimhane vardı, şimdi bir kafe oldu. Bu çok dik yokuşu çıktığınızda sağda gördüğünüz Glavani Apartmanı İstanbul'un ilk burjuva apartmanlarındandır. Ömrümüz Beyoğlu'nda geçti ama ona rağmen bu otelin sokağını bilmezdim, çok ilginç.

Şubat ayında açtık Nicole'u. Mayıs ayında Gezi protestoları başladı. Biraz çukurda kaldığımız için bütün gaz buraya iniyor. Her yeri kapatıyoruz, bu defa havalandırmadan içeri giriyor. Ağlaya ağlaya yemek yaptık. Thai mutfağında anormal acı soslar var, Bird's eye dedikleri biberi mutfakta kullanırken gözünden akan yaş durmaz. Biber gazı ilişkisini öyle kurduk, "Ha o yüzden biber gazı diyorlar" diye. Biz alışkınız yani, biber gazı bizi etkilemez.

Açıldığımızdan beri misafirlerimiz, eksik olmasınlar, bizi yıldızlarla donatıyorlar. Türkiye'de rehber henüz yok, ama olsaydı hak etmiştiniz diyorlar. Türkiye'de de bazı sistemler var. Oralarda birinci olmamıza rağmen bunu çok önemsemiyorum. Çünkü uluslararası arenada kendinizi göstermek mühim. Fransız mutfağı, Çin mutfağı, Osmanlı mutfağı anılıyor, Türk mutfağına da en geniş mutfaklardan diyorlar ama neye göre en büyüksünüz belli değil. Türkiye'ye yabancı müşteri geldiğinde İstanbul'da ne yiyor, ne içiyor? Sokağa çıktığımızda iyi yemek yiyebiliyor muyuz? O yüzden kendi kendini takdir eden, çok iyi yaptık diyen sistemler beni ilgilendirmiyor. Fransızlar Michelin ve 50 Best'in bu işi doğru yapmadığına kanaat getirip, La Liste diye epey iddialı bir liste yaptılar. O listeye birkaç Türk restoran girdik; güzel oldu. 100 üzerinden puan veriyorlar. Biz en son 95 puandık. İlk bin restoranı anons ediyorlar, biz de ilk iki yüzlerde falanız.

Her şefin illa kendine ait, farklı bir kimliği oluyor. Ama mutfak farklılıklarına rağmen şeflik dediğimiz işin hep aynı olduğunu düşünüyorum: bir rütbe. Hepimiz olması gerekeni yapıyoruz. Mevsiminde, özenle işlenmiş yemekler yapıyoruz. Ben de mevsiminde ve çok gezmemiş malzemeyle çalışıyorum. Ne kadar gezerse o kadar ham olacak, ne kadar ham olursa lezzeti yakalamak o kadar zorlaşacak. Çikolatayla çalışmaya başladığım günden beri şunu biliyorum: "Ancak tekniğinde iyileşmek ve ürünü iyi tanımak üzere çalışabilirsin, o ürünü iyi işlemek dışında bir görevin de yok." Tabakta konuşacak olan üründür. Tabağa pırasa koyuyorsan pırasa tadacaksın. "Pırasa gibi görünüyor ama çilek tadında" diye bir dünya yok. "Pırasanın zamanı geçti gerçi ama..." diye bir dünya yok. Geçen gün "tamam bunu koyabiliriz" dediğim barbunyanın olmadığını fark ettim mesela. Bütün karışım güzel ama barbunya lezzetli değildi. Onun lezzetini benden başka dikkate alan da yoktur eminim. Çünkü umami'sini yükseltecek malzemelerle modern bir piyaz gibi sunuluyor. Ama iyi barbunya nereden gelecek derdine düştüm. Anneanne, babaanne evinde her şey zaten mevsiminde bulunuyordu. Turfandanın ne olduğunu, mevsimleri unuttuk, ne hangi ay yenir bilmiyoruz. En sevdiğim pazar Feriköy'deki organik pazar ama üreticilerin durumları gittikçe zorlaşıyor. Uyanmamız lazım. Üretici için organik üretmek çok zorlaştı. Organik üretmek de tek kriter değil aslında. Ata tohumunu kaybettik. Tohum mevzusu çok önemli.

Bundan sonraki projem esnaf lokantası açmak. Düzgün bir esnaf lokantası olmaması, olan yerlerde yağın iyi olmaması, "ama maliyet çok yüksek, ama şu, ama bu" denmesi bana çok tuhaf geliyor. Hakiki olmayan yemekler artık sürekli tüketiliyor, hakiki yemek ise lüks oldu. Tüm bunlara kafa yoruyorum, canımı bunlar sıkıyor. Hele ki Türkiye'nin bu tarım politikasızlığı... Mesela çeşit çeşit domatesle bir şeyler yapmam gerekiyor, bir domates salatası, gazpacho sorbe, hardal sorbe... Domates bulamadık. Instagram'dan takip ettiğim kişiler var; gönderir misiniz diyorum, on kilo ancak çıktı diyorlar. Bu artık bizim sorunumuz. Ben 30 kişilik bir restoranda, iki yıldızı zorladığım bir ortamda en iyi domatesi bulmak zorundayım diye başlıyorum, sonra görüyoruz ki küçük domates üreticilerinin hepsi tarlayı bırakmış, şehre göçmüş, çocuğu güvenlikçi olmuş, kendileri bin liralık işsizlik ödeneğine muhtaç kalmış. Çok acı.

Buradaki yeme kültürünü malzemenin haricinde biraz da iletişim belirliyor. Servis yapan kişi sadece tabağı alıp içindekileri sayan kişi değil. Birlikte çalıştığım arkadaşlarıma hep "masaya iyi servis verdiğinizi kavga etmiş eşleri barıştırabildiyseniz anlarım" derim. İnsanlar özellikle Nicole gibi bir yere yemeğe özel bir şey için geliyor. Karın doyurmaya, eve gitmeden uğrayıp bir şeyler atıştırmaya buraya gelmiyorsunuz. Ödenen rakamdan daha ötesi, özel bir zaman ayrılıyor buraya. Onuncu yılı kutlamaya geldiyseniz ömrünüz boyunca onuncu yılınızı burada hatırlayacaksınız. Her şeyine dikkat etmemiz lazım. O gece boyunca yaşadığı şey bir deneyim ve onun en güzeli olması gerekiyor. Misafir daha ne istediğini bilmezken siz onun aklından geçeni bulmak üzere yola çıkarsanız müşteri kendini elinize bırakıyor.

Sonuçta hizmet sektöründeyiz, kapris tabii ki çekilecek. Ama kaprisi ağlayan bir çocuk gibi görmek lazım. Ağlıyorsa belli ki bir sıkıntısı var; onu anlamak gerek.

Evli değilim, çocuğum da yok. Küçükken beş çocuğum olsun isterdim. İlk başladığımızda 5 kişilik küçük bir ekiptik. Kendi kendime "Al işte beş çocuk istiyordun, oldu beş çocuğun" demiştim. Şimdi çalışan arkadaşlarımızın çocukları olmaya başladı. Torunlar yani. Ben işe iş gibi bakmıyorum. Zaten yapı itibariyle de öyleyimdir; iş gibi görseydim yapamazdım. Burada gerçekten bu gençlerle günü beraber geçirmek hoşuma gidiyor. Bir şeyleri öğrenmeleri, aynı şekilde benim de onlardan öğrenmem... Ya da akşam misafirlere "nasıl geçti?" diye soruyorsunuz, güzel yorumlar alıyorsunuz, o da çok iyi geliyor. Bu da biraz İstanbul'da geçirdiğim çocukluk yıllarımdan, aileden kalan bir şey. Ailenin iki tarafında da misafir kutsaldır anlayışı vardı. Babaannem "Deden de çarşıda kimi bulsa eve getiriyor yemek var mı yok mu sormadan" diye çok kızardı. Çünkü her zaman misafiri kendinden daha iyi doyurman lazım.

** Aylin Yazıcıoğlu, kitabın basıma hazırlanma sürecinde çok sevdiği Nicole ile yollarını ayırmak zorunda bırakıldı. Kendisine metinde bir değişiklik yapmak isteyip istemediğini sorduğumda başarı olarak gördüğümüz hikâyelere bunların da dahil olduğunu ve bir değişiklik yapılmasını istemediğini söyledi. Bugün çalışmalarına aynı tutkuyla Alancha Restaurant'ta, yine zanaatının hakkını vererek, gençlerin yolunu aydınlatarak devam ediyor.*

Rumeli Hisarı ve
Fatih Sultan Mehmet
Köprüsü'ne gece bakış

İlk 3

İSTANBUL FAVORİM

1

Fatih Pazarı

"İstanbul çevresinden, Beykoz taraflarındaki köylerden hala üreticiler geldiği için, çarşamba günleri kurulan bu pazarı seviyorum. Şehrin kuzeyindeki bu köylerde Karadeniz etkisi vardır; domates, patlıcan gibi standart mamullerin yanında Karadeniz mutfağına has pazı, ev yapımı mısır unu, 'alıç' gibi çok tanınmayan yemişler ve kokulu üzüm gibi tatlara da rastlarsınız."

2

Jash

Restoran aslında 1930'larda Pangaltı'nda kurulan Şirin Meze Evi'nin bir devamı niteliğinde. Şirinyan biraderlerin annesi Lusia'nın tariflerini, dördüncü kuşaktan Dayk Miricanyan şimdi Jash'ta sürdürüyor. Şirin Meze Evi gibi, Jash'in de hem şehirde hem de Ermeni cemaatinin popüler yazlık mekânı Kınalıada'da birer şubesi bulunuyor.

Jash Kınalıada
Alsancak Cad. Kınalıada Mah. Adalar
0216 381 4432
www.jashistanbul.com
Her gün 10:30 – 02:00 arası açık.

3

Galatasaray Lisesi

"Yuvamı, Mekteb-i Sultani'yi anmadan geçemem. Hem belirli gün ve saatlerde ziyarete de açık. Herkes gidip gezebilir. Beyoğlu'nun ortasında, bütün keşmekeşten nasıl bu kadar uzakta olduğuna hayret edebilir. Arnavut kaldırımlarında nesiller boyu çocukların sesini duyabilir. Yapının koca kollarınca şefkatle kucaklanabilir. Dev koridorlarında kendini çok ufak hissedebilir. Gül Baba'nın II. Beyazıd'a 500 küsur yıl önce sarı kırmızı güller sunduğu bahçede, adalara kadar uzanan manzarayı seyre dalabilir."

Kuloğlu Mah. İstiklal Cad. No: 159
0212 249 11 00-01
www.gsl.gsu.edu.tr

Aylin Yazıcıoğlu'nun İstanbul'u

"İstanbul çevresinden, Beykoz taraflarındaki köylerden hala üreticiler geldiği için, çarşamba günleri kurulan Fatih pazarını seviyorum."

Çocukluğumun İstanbul'u
YEŞİLKÖY'DEN RUMELİHİSARI'NA

"Çocukluğum Yeşilköy'de ve Ortaköy'de geçti. Annem hala Yeşilköy'de oturur. 11 yaşımdan sonrası Galatasaray Lisesi'nin kızlar bölümünün bulunduğu Ortaköy'de geçti. Üniversitede Boğaziçi'ne devam ettiğim için Rumeli Hisarı'nın da bendeki yeri ayrıdır. İstanbul hep Boğaz kıyısı ve Marmara Denizi'nin etrafı demektir benim için. Onun için bu şehirde kaldım diyebilirim. Şehrin çocukluğumdan kalan, beni mutlu eden yerlerinde yaşıyorum aslına bakarsanız. O kadar dar bir çemberde gidip geliyorum ki bazen bir yerden geçerken yeni yükselen yapıları görünce 'Hangi ara İstanbul'un bu kadar canına okudular?' diye şaşırıp kalıyorum!"

İstanbullu Bir Şefin
HAFTA SONU RİTÜELİ

"Arada sinemaya gitmeye gayret ederim, ancak mesleğimiz gereği insanların sosyalleştiği saatlerde çalıştığımız için, Beyoğlu'nda yaşamama rağmen İstanbul'un kültürel aktiviteleri çok da hayatımın içinde değil. 2013'ten bu yana, sabah 10:00'dan gece yarısına kadar alışverişte veya mutfaktayım diyebilirim! Bir tek pazar günleri öğleden sonraları var bana kalan. Böyle relax olabildiğim zamanlar arkadaşlarla bir masada oturup rakı balık keyfi yaparız. Jash'ın Cihangir'deki mekanına veya daha da uzağa kaçabilecek gibiysem Kınalıada'daki yerine gitmeyi severim. Vapurla gidiş gelişi keyiflidir; sırf onun için bile gidilir."

Kaybolan Gelenekler
İSTİKLAL CADDESİ

"İçinde ayrı ayrı anılması gereken efsane mekânlar bir yana, İstiklal Caddesi başlı başına bir mekân. Bir ucundan bir ucuna zamandan ve mekândan bağımsız dolanır durursunuz. Bir bakmışsınız 40 yıl geçmiş. Şurada çocukluğunuz, az ileride gençlik heyecanlarınız, sağa dönünce hüzünler, hemen solda sevinçler. Hem çocukluğumun ve gençliğimin geçtiği, hem 'kızım' diyebileceğim Nicole'de uzun bir dönem misafirlerimi ağırladığım; hayatımın tam ortasından geçen koca bir mekân. Her şeye rağmen, tüm eski ışıltısını yitirmiş olsa da hep düzeleceğine, eski günlerin geri geleceğine inanmak zorunda hissettiğim bir yer."

İstanbul Lezzetleri

AYASPAŞA RUS LOKANTASI

1943'te Macar Judith Krischanovski ile eşi Boris İvanovich Kreschsanovsky tarafından açılan lokanta, uzun yıllar burada garson olarak çalışmış Cemal Ok tarafından aynı konseptte işletilmeye devam ediyor. Mekânda, Rus mezeleri ve mantılarının yanı sıra et ağırlıklı bir menü var.

Önceden siparişle özel yahniler de hazırlanabiliyor. Rus romanslarından oluşan canlı müziğin yemeğe eşlik ettiği cuma günleri ziyaret için ideal.
Gümüşsuyu, İnönü Cad. Ankara Palas Apt. D: 59/A, Beyoğlu
0212 243 48 92
ayaspasaruslokantasi.com
Her gün 12:00 – 23:00 arası açık.

BALAT SAHİL RESTORAN

Haliç sahilinde Kastamonulu bir aşçı tarafından işletilen bu şahsiyetli meyhanede, yöresel pazarlardan tedarik edilen ürünlerle hazırlanmış orijinal mezeler sunuluyor. Mevsiminde mantarlı yemeklerini ve yaprak ciğerini tatmayı ihmal etmeyin.
Ayvansaray Mah. Mürselpaşa Cad. No: 245, Balat, Fatih
0212 525 61 85
Pazartesi hariç her gün, 13:00 – 24:00 arası açık.

YENİ LOKANTA

Şef Civan Er'in geleneksel Türk yemeklerine çağdaş bir yorum getirdiği Beyoğlu mekânı. Mevsim malzemelerine bağlı kalınarak hazırlanan menüde,

patlıcanlı mantı gibi ilginç tatlar da mevcut.
Kumbaracı Yokuşu No: 66, Beyoğlu
0212 292 25 50
www.yenilokanta.com
Perşembeden cumartesiye 18:00 – 23:00 arası.

BASTA STREET FOOD BAR
"Kadıköy'de bir 'dürümcü'. Avrupa'nın çok Michelin yıldızlı restoranlarında çalışmış ve mesleğinde çok ilerlemiş iki genç şefin, Derin ile Kaan'ın mekânı. Hikâyesi pek çok açıdan İstanbul gibi. Potansiyellerini, tercihlerini, yolculuklarını, her şeylerini çok benzetiyorum!"
Caferağa Mah. Sakız Sok. No: 1, Kadıköy - 0216 414 08 65
www.bastafood.com
Pazartesiden cumartesiye 13:00 – 22:00, pazar günleri ise 13:00 – 21.00 arası açık.

Tarihin İzinde

RUMELİHİSARI
Boğaz kıyısının en ihtişamlı anıtı olan bu kale, İstanbul'u fethe hazırlanan Osmanlılar tarafından deniz yolunu kontrol altına almak için, Boğaz'ın en dar noktalarından birine yapılmış. Günümüzde bu tarihi kale çevresindeki deniz manzaralı kafeler, şehrin popüler kahvaltı mekanları arasında.

Beyoğlu Nostaljisi

ÇİÇEK PASAJI
"Pasajın girişindeki İkinci Bahar'da bira içmek çok keyiflidir."
Çiçek Pasajı, 1870'teki büyük Pera yangını ile yerle bir olan, İstanbul'un ilk opera binası Naum Tiyatrosu'nun yerine yapılmış gösterişli bir mekân. Önceleri mağazalara, 1940'lardan bu yana ise meyhanelere mesken olmuş. Yanı başındaki Sahne Sokak (bugünkü adıyla Balık Pazarı) ise balıkçıları ve kokoreççileriyle İstanbul'da sokak mutfağını tadabileceğiniz noktalardan.

BALIK PAZARI
"Balıkçısından kasabına, manavından tatlıcısına esnaf dostlar, abiler, arkadaşlar... Çocukken başka, aşçıyken başka anlamı var benim için. Bugün hâlâ biraz canım sıkıldığında boydan boya bir geçer, tazelenirim."

HAZZOPULO PASAJI

İstiklal Caddesi'nin önde gelen pasajlarından biri olan Hazzopulo, vaktiyle dükkanlar, terziler ve Jön Türkler'in gazetesinin basıldığı bir matbaaya da ev sahipliği yapıyordu. Dönemin yazar ve aydınlarının buluşma noktası olan pasaj, günümüzde de çay bahçeleri ve restoranlarıyla Beyoğlu'nun gizli arka bahçelerinden.

MARKİZ PASTANESİ

"Biliyorum, kapanalı yıllar oldu. Biliyorum, belki güzel ama uzak bir hayal. Markiz Pastanesi tam da bu nedenle İstanbul gibi bir mekân değil mi?

İstiklal Caddesi'nin en görkemli günlerinin zarif temsili olarak orada öylece duruyor. Gidip hâlâ camına yüzünüzü dayayıp içindeki nefis çinileri izleyebilir, hayal kurabilirsiniz. Kim bilir belki yanınızda beni görürsünüz. Belki bir gün o kapıları yeniden açarız. Yani İstanbul'un hayal kurmak için en iyi mekânı diyebilirim. Zaten bir mekândan bekleyebileceğimiz en âlâ şey bu değil midir?"

Kültürel Keşif

SES-1885

"Beyoğlu'nun, İstiklal Caddesi'nin çok özel bir mekânı. Ferhan Şensoy Abi, yaşayan bir anıt olarak Ortaoyuncular ile beraber, Ses-1885'te efsanesini her geçen gün büyütmeye devam ediyor. Gençliğimde tiyatro ile meşgul olduğum günler için apayrı bir heyecan, bugün hâlâ yaşayan bir emekler bütünü olarak tarihe büyük bir ders." Mimar Campanaki imzalı, 1885 yapımı Ses Tiyatrosu, Beyoğlu'nun eski günlerine bir methiye niteliğinde. Önceleri tiyatro, ardından bir süreliğine

sinema olarak kullanıldıktan sonra, 1989'da Ferhan Şensoy tarafından bir kısım hissesi alınarak yeniden tiyatroya çevrildi.
Hüseyinağa Mah. İstiklal Cad.
No: 62/90, Beyoğlu
0212 251 18 65
ortaoyuncular.com

Hafta Sonu Keyfi

ŞİŞLİ %100 EKOLOJİK PAZAR

Ekolojik yaşamı desteklemeye adanmış Buğday Derneği'nin Türkiye'de hayata geçirdiği ilk ekolojik pazar, 2006'dan bu yana Feriköy mahallesinde her cumartesi tezgâh açıyor. Pazarda, her hafta ülkenin dört bir yanından gelen organik gıda üreticileri buluşuyor.
ekolojikpazarlar.org

VAPURLAR

"İstanbul'un yine kendi başına bir mekân olarak değerlendirebileceğimiz bir özelliği. Haftanın yedi günü, gece yarısına kadar açık. İstediğiniz yere gider. Üstelik oldukça ucuz. Ve paha biçilemez bir manzaranın içinde tıngır mıngır gider gelirsiniz."
www.sehirhatlari.istanbul

Konser öncesi salon detay.

“İstanbul’un en çok beğendiğim yerlerinde hep, şehrin artık olmayan çok kültürlülüğünü çağrıştıran, kaybedilmiş bir şeylerin hüznü var.”

CEM MANSUR

Orkestra Şefi – CRR Sanat Yönetmeni

Kesişim Noktamız Müzik

Cem Mansur ile: Burgazada'da yaz akşamlarından Londra'daki konservatuvar yıllarına, Mozart'ın Aydınlanma felsefesinden çoksesli müziğin birlikte yaşama kültürüne katkılarına.

Karmakarışık bir ailede çok güzel bir çocukluk geçirdim. Bizim ailenin hikâyesi tam Osmanlı İmparatorluğu'nun son yıllarının, hatta Doğu ve Orta Avrupa'nın hikâyesi. Ben İstanbul'da doğdum. Anne tarafından büyükannem ve büyükbabam Romanya ve Polonya kökenli Almanca konuşan Yahudiler. Büyükannem Romanyalı olmasına rağmen Mısır, Kahire'de doğmuş. Onun anne ve babası Bükreş Yiddiş Tiyatrosu'nda çalıştığı için büyük ihtimalle turnedelerdi.

Sonra bir şekilde Türkiye'de bulmuşlar kendilerini. Büyükbabam İzmir'de doğmuş ama Polonya'dan gelen birinci kuşak göçmenlerden. Babam Filistin'de Yafa'da (Tel Aviv) doğuyor. Babaannem Moldovya doğumlu ama anadili Rusça olan Aşkenaz Yahudilerinden. 20. yüzyıl başlarında Filistin'e geliyorlar ve orada Osmanlı'nın son Filistin valisi olan Ali Mansur Paşa'nın oğlu ile evleniyor. Dolayısıyla babam ve halam orada doğuyorlar. Çocuklukları Kudüs, Beyrut, Şam, İstanbul ve tabii Yafa arasında geçiyor. 1940'lardan sonra babam İstanbul'a yerleşiyor ve annemle tanışıyor. Annem de İstanbul doğumlu.

Karışık bir aileden geldiğim için kimlik konusu her zaman müzisyen olarak da, insan olarak da ilgimi çekti. Türk demek etnik olarak bir şey ifade etmiyor. Mesela Türkiyeli lafına çok bozulanlar var. Halbuki bu bizi kurtaracak tek şey. Kendini etnik veya kimlik olarak bir yere hapsetmeyip, "ben bu ülkede doğdum büyüdüm, kısmen de burada yaşıyorum ve benim için burada olan bitenler önemli" diyebilmek yeter. Benim birçok kimliğim var ama ben kendimi her şeyden önce İstanbullu hissediyorum. Bir de benim çocukluğumun yazları Burgazada'da geçti. Burgazada'daki etnik temizlikten öncesine denk geldiğimiz için, açık fikirli yaşama ve kimseyi başka bir kültürle ötekileştirmeden büyüme şansına sahip olduk. Çocukluğumdaki İstanbul ile kıyaslayınca şu anki kültürel ve etnik çeşitlilik çok daha az.

İstanbullu olmayı acı bir şekilde tanımlayan şeylerden biri, Beyoğlu'nun arka sokaklarında dolaşırken Rumların yaptığı binaları, kurdukları gazeteleri, işlettikleri pasajları, esnaf dünyasını görmek, artık orada olmadıklarını düşünmek, göz göre göre vatanları bildikleri yerden kaçırılmalarından şahsen sorumlu olmasan da bir suçluluk ve hüzün hissetmek... "Onlarsız bir İstanbul... Böyle olması gerekmiyordu" dediğim zamanlar. Ama hiçbir zaman İstanbulsuz bir hayat düşünmedim. Daha çok Londra'da olduğum okul zamanlarında bile daima bir ayağım İstanbul'daydı. İstanbul'a gelip ev diyebileceğim bir yer olmamasını düşünemiyorum bile. İstanbul hâlâ insanın hiçbir zaman sıkılmadığı, insanı her zaman düşündüren, zorlayan, kızdıran, neşelendiren bir şehir. Pasif kalınarak yaşanabilecek bir yer değil.

İstanbul bir yandan da akordu bozuk bir orkestra gibi. Ama hiç olmazsa bir orkestra gibi. İstanbul'un çok kimlikliliğini, çok kültürlülüğünü seviyorum. Her gün trafikte boğuşmak zorunda olmayan biri olduğum için bunu söyleme lüksüne sahibim tabii ama ben İstanbul'un karmaşasını da, o inanılmaz enerjiyi de çok seviyorum. Ben büyük şehir insanıyım. Kuş, böcek de severim ama büyük şehirlerden uzakta çok huzurlu olabileceğimi düşünmüyorum. İstanbul'da bazen çok uzun yürüyüşler yapıyorum ve kaybolmayı çok seviyorum. İstanbul her köşesinde insanın karşısına inanılmaz şeyler çıkaran bir şehir.

Ortaokul ve liseyi Saint Michel'de okudum. Türkiye'de insana hiçbir şeyi sorgulatmadan, ezberleterek öğreten eğitim sisteminden çıkan biri olarak tam olarak ne yapmak istediğimi bilmiyordum. Aslında Şişli'de yaşadığımız aile apartmanında teyzemin eşinden dolayı müziğe bir ilgi, bir müzik sevgisi olmasına rağmen, o yıllarda ben müzisyen olacağım veya şu olacağım diye bir kararım yoktu. Hem o yüzden hem de Türkiye'de siyasal gerilimin yüksek olduğu bir döneme denk geldiği için 1974'te liseyi bitirir bitirmez İngiltere'ye gidip abimin okuduğu yerde mühendislik okumaya başladım. Ama altı ay sonra özellikle orada bulduğum müzik ortamında "yok, ben bir şekilde hayatımı müzikle geçirmek istiyorum, en azından bildiğimiz kadarıyla bir defa yaşıyoruz, boşa gitmesin" diye düşündüm. Müziğe bir şekilde öyle karar verdim ama o saatten sonra nasıl olur, nota bilmiyorum bir şey bilmiyorum diye düşünüyordum.

Kaybettiğim yılları bulduğum her özel hocayla, akşam dersleri, hafta sonu kurslarıyla kapatmaya çalıştım. Çok genel bir müzik eğitimi veren bir üniversiteye girmeyi hedeflemiştim. Londra Şehir Üniversitesi, hem klasik derslerde Londra'nın en köklü konservatuvarlarından Guildhall Müzik ve Drama Okulu ile çalışıyor, hem de çok geniş bir yelpaze sunuyordu. Yani müzikle ilişki birçok farklı şekilde kurulabilir gibi bir duruşları vardı. Her öğrenciye şeflik dersi veriliyordu ve bu çok iyi bir şeydi. Çünkü bir ilkokulda koroyu yönetmek için de temel şeflik tekniğine sahip olmak lazım. Çok basit bir şey ama karşıdakine doğru tempoyu iletebilmek önemli. Ben o zaman "benim bunda bir yeteneğim var galiba, ben bunu geliştirmeyi istiyorum gerçekten" dedim. Bunu hızlı fark ettim. Ama yetenek, yalnız müzikte değil hiçbir alanda tek başına bir şey ifade etmiyor. Yetenek geliştirilmesi gereken bir şey. Şeflikte hazırlık safhası tamamen zihinsel bir çalışma olduğu ve pratik yapma imkânı çok az olduğu için orkestra önüne çıktığında düşe kalka, hata yaparak öğreniyorsun. Her alanda olduğu gibi burada da tekrar ede ede gelişiyorsun. İnsan psikolojisiyle, insan yönetimiyle kurduğun bağlar kuvvetleniyor. Dünyada kültür değişiyor, sen de ona göre değişiyorsun. Bazen sen de onu değiştirenlerden biri oluyorsun belki.

Dolayısıyla, her zaman okuyan, düşünen ve sorgulayan bir müzisyen olmaya çalıştım. Müzik yapmanın toplumsal yaşamla ve demokratik değerlerle paralelliği de ilgimi çekti. Herkesin yönettiği senfonileri ben de yöneteyim, biraz farklı olsun yeter gibi bir yaklaşımım olmadı. Fazladan on konser daha yönetmekten çok, yönettiğim müzik neye yarıyor, birinin hayatına dokunuyor mu, ben bunu niye yapıyorum diye sorgulamak önemli oldu. Sahneye çıkmadan önce gelen seyircilere bakıp onların "iyi ki evde CD'den dinlemeyip, karda kışta kalkıp buraya gelmişiz" demesini her zaman kafaya taktım ve o yönde projeler üretmeye çalıştım. Beni müzisyen olarak geliştiren de aslında bu oldu.

Özellikle Akbank Oda Orkestrası'nın başında olduğum yıllarda (1998-2011), Anadolu turnelerinde çoksesli müziğin gücünü Avrupa'da hiçbir zaman yaşayamayacağım kadar çarpıcı bir şekilde yaşadım. İlk defa canlı orkestra dinleyen insanlarla neler paylaşılabileceğini, bunun aslında o kadar da zor olmadığını gördüm. Müzik hem çok analitik, çok entelektüel, çok derin bir seviyede algılanabilir, hem de başta çok yüzeysel görünen ama "ilk dinleyişte ben buna çarpıldım, bununla heyecanlandım, bu duyguyu yine yaşamak isterim" gibi de algılanabilir. Aslında o da çok derin bir kavrayış. Bu yaklaşımlardan biri diğerinden daha değersiz değil. Bence bunun farkında olmamak müzisyen camiasının yaptığı büyük bir hata. Gidin Diyarbakır'da ilk kez canlı orkestra dinleyen insanlara çalın ve anlatmaya çalışın. Eser nasıl bir dünyanın müziği, o müzik neyi anlatıyor, Mozart'ın müziği neden bize Aydınlanma ile ilgili değerleri verebiliyor... Bunları anlatın.

Özel konserler için kullanılan Aya İrini Müzesi.

Türkiye o anlamda önemli bir laboratuvar. Klasik müzik dediğimiz Avrupa eksenli çoksesli müziğin, benim inandığım evrensel değerleri yansıtan ve coğrafyadan coğrafyaya, çağdan çağa taşıyan bir şey olarak deneyimlemek için ilginç bir yer çünkü bunun kanıksanmadığı bir coğrafyadan söz ediyoruz. Biz çocukken kilisede şarkı söylemiyorduk. Dolayısıyla uygarlaştırıcı ve barış getiren sosyal bir araç olarak müziğin değeri bu toplumlarda, gelişkin toplumlardan daha iyi biliyoruz diye düşünüyorum. Demokrasi gibi, ileri tıp gibi, bilim gibi, iyi eğitim hakkı gibi yüzlerce yıllık bir birikim var. Tüm dünyada insanların Avrupa kökenli bu insanlık değerlerinin arayışında olmalarını müziğe olan ilgileriyle de açıklamak mümkün. Sanki o reform, Aydınlanma ve Endüstri Devrimi Avrupası'nın değerleri başka toplumlar tarafından yaşatılan müzik yoluyla bir yerde bütünleşmiş gibi... Bugün bu değerlerin neden evrensel olduğunu ve bu müziğin neden evrensel değerleri yansıttığını Almanya'dan çok Türkiye'de, Tayvan'da, Güney Afrika'da, Venezüella'da görüyoruz.

Bir kitap üzerine çalışıyorum. Hayatım boyunca tek bir kitap yazacağımı düşünüyorum, onun da biraz derinlikli olmasını istediğim için şu anda okuyup notlar alma safhasındayım. Bu işi neden yaptığıma, neden paylaşmak istediğime dair düşüncelerim epey kristalize oldu. Hatta Avrupa'da bu işin çok daha gelişmiş olduğu yerde olsam bu kadar olamazdı... Bazı ülkeler bu kültür için "yabancı topraklar" gibi görünse de, oralara bu tohumu ektiğin zaman müziğin doğası, zamansızlığı ve vazgeçilmezliği ile ilgili inanılmaz şeyler ortaya çıkıyor. Eğitimi bu kadar uzun, icrası bu kadar maliyetli bir şeyi sürdürmek neden gereksin ki sorusunun yanıtını Avrupa dışındaki toplumları, bu müziğin o toplumlara kazandırdığı zenginliği, barış ve huzur ortamını, müzik eğitiminin üçüncü dünya ülkelerinde yoksul çocuklar için yaptıklarını gözlemlediğimizde alıyoruz. O yüzden Türkiye'de müziğin gücü, işlevi ve görevi daha da büyük. Kitabın dışında belgesel düşüncelerim de var. Müziğin tarihle ilişkisi ile ilgili bir belgesel. Müzik bize kim olduğumuzu anlatan, hem de bunu dogmatik olmadan yapan en büyük araç. Bunları filmleştirmek gibi bir fikir... Bir yeniçeri müziğinden etkilenmiş ilk senfoninin ortaya çıkış öyküsü mesela.

Bir ara Akbank Oda Orkestrası ile beş ayrı festival yaptım. İstanbul'da tarihi mekanlarda, İstanbullu olarak kim olduğumuzu müzik yoluyla sorgulayan festivallerdi. Biri "1789/Akl-ı Selim'in Müziği"ydi. Üçüncü Selim'in tahta çıkması ile Fransız Devrimi'nin aynı yıl başlamasından hareketle yola çıkmış doğu-batı paralelliği üzerine düşünen, Tophane-i Amire'de yaptığımız bir festivaldi. Başka bir festival de Yıldız Sarayı'nın ahırlarında düzenlediğimiz "At – Nağmeler" festivaliydi. At ve av sembolizminin doğu ve batı müziklerinde ortaya çıkışını merkeze alıyordu. Aya İrini'de "İstanbul'da Erguvan Zamanı" diye de bir festival yaptım. O da İstanbul'un Bizanslı kimliğinin dünün ve bugünün müziğinde nasıl ifade edildiği ile ilgiliydi.

Yeni bir gelişme olarak İstanbul Büyükşehir Belediyesi, Cemal Reşit Rey Konser Salonu'nun yeni Genel Sanat Yönetmeni olarak atandım. Geçmişte gerçekleştirdiğim projelerde ifade etmeye çalıştığım, müziğin toplumsal diyalog aracı olarak gücünü bu yeni görevde de paylaşmak için sabırsızlanıyorum. CRR, her tür müziğin iyisinin altında kucaklaşacağı bir çatı olabilir.

Fakat 2007'de başlayan Türkiye Gençlik Filarmoni Orkestrası, hayatımda iyi ki yapıyorum dediğim en önemli şey sanırım. Müzik eğitimi olan ülkelerin çoğunda Ulusal Gençlik Orkestrası kavramı var.

Dileyen herkes sınavına girebiliyor, orkestra da her yıl yapılan seçmeler sonucunda belirleniyor. Türkiye Gençlik Filarmoni Orkestrası da benzer biçimde ülkenin çeşitli müzisyenlerinin bir araya geldiği, iyi hocalarla, grup çalıştırıcılarıyla ve benimle çalıştıkları bir yer. Yalnızca yüksek seviyede bir orkestra oluşturmaya değil, aynı zamanda müzisyen olarak gençlerin biraz zihinlerini açmaya da çabalıyoruz. Türkiye'de doğru bir sistemle müziğin ne olabileceğini ve aslında Türkiye'nin ne olabileceğini uluslararası konserlerde temsil ediyoruz. İyi çalan ve şefi ile iyi ilişkisi olan bir orkestra, iyi kötü işleyen bir demokrasinin de aynası. Bu Orkestra, Türkiye'nin farklı yerlerinden gelen, ilk bakışta barışamaz gibi görünen, birbirine aykırı sesler çıkaran gençlerin bir araya geldiği bir topluluk. Otoriter diktaların hak görülmediği bir ortamda ahenk içinde, ötekileştirmeden var olmak ve farklılıklarını da aynı ahenk içinde yaşamak için beraberler.

Mimar Sinan Üniversitesi'nde dersler veriyorum, bazen de şirketlere yönelik liderlik seminerleri yönetiyorum. Fakat beni esas heyecanlandıran şey yine Türkiye Gençlik Filarmoni Orkestrası ile yaptığımız "Demokrasi Laboratuvarı" açık provaları. Bu halka açık provalarda farklı seslerin birbirini dinleyerek, birlikte var olması ile ilgili hem müzikten ne öğrenilebilir diye konuşuyoruz, hem de otokrasi hakkın

Tarihi Yarımada'nın ucunda yükselen Topkapı Sarayı ve Gülhane bahçeleri.

da, yani yöneten ve yönetilen ilişkisine dair müzik bize ne söyleyebilir diye sohbetler ediyoruz. Müziğin yaşamla ilgili neden bu kadar önemli bir araç olduğunu orada görüyoruz. Lider mi olacaksın mesela, yoksa birisini takip mi edeceksin? Yol mu göstereceksin yoksa sürüklenecek misin? Başkasının sesini dinlersen daha zengin bir harmoniye de katılabilirsin. Bu çalışmalarda bir şeyi birilerine isteyerek yaptırmakla emir vererek yaptırmak arasındaki bağlantıları, karşıtlıkları görüyoruz. Birlikte yaşamla ilgili dinlemek ve duymak arasındaki fark konuşmak ve bağırmak arasındaki fark, iyi yönlendirilmenin önemi, insanı motive etmenin önemini de tartışıyoruz, görüyoruz. Tüm bunlar aslında bir arada yaşamakla ilgili sorular ve cevapları müzik tarihinin önemli senfonilerinin her sayfasında var. Yani ben şu anda bir Brahms senfonisinin herhangi bir sayfasını açıp, on tane sosyolojik bağlantı kurabilirim. Orada sesler arasında armonilerin nasıl oluştuğundan çıkan kompleks bir ilişkiler ağı var. Çatışmalar var, çatışmaların çözümleri var, bireyler var, gruplar var, onların ilişkileri var. O gruplarla grup şefinin, grup şefinin şefle, şefin en arkadaki kişiyle iletişimi var. Bütün bunlar toplumsal bütün dinamikleri de barındırıyor. Orkestranın kendisi de, büyük bestecilerin yazdığı müziğin kendisi de bir mikrokosmos aslında.

Dünyada seksle, yemekle bile ilişkisi olmayan insanlar var. Siyaseti takip etmeyen var, ilmi takip etmeyen var, kitap okumayan var ama müzikle ilgisi olmayan kimse yok. Müzik hepimizin kesiştiği yer. Müziğin anahtarı, bu kadar kalıcı ve bu kadar büyük bir iletişim aracı olması bence. Dolayısıyla eğitim sisteminde bunun bir hobi olarak görülmesi çok yazık bence. Çoksesli müziği isteyerek, severek ve bilerek dinlemenin, birlikte yaşama kültürünü hiçbir şeyin beslemeyeceği kadar besleyebileceğine inanıyorum.

Konser sırasında yarattığım bir konsantrasyon ortamı var. O ortam içinde bazen insanlara bakmadan bile duygusal bir iletişim kuruyorsun. Ben aynı hareketi yapıyorum ama o sırada içimden "burada orkestraya güveniyorum, orayı zaten iyi çalacak" diye geçirmemle "acaba şurayı iyi çıkarabilecek mi?" diye düşünmemin neticeyi bire bir değiştirdiğini biliyorum. İnsanlara kendilerini iyi hissettirmenin, bir şeyi isteyerek yapmalarını sağlamanın yollarından da biri bu. "Ben buradayım ama işi asıl siz yapıyorsunuz. Ben tepenizde değil, yanınızdayım" diyebilmek. Ama her zaman son karar verici ve kimin yönlendirici olduğunu unutmalarına da izin vermeden. Bu her tür liderlikte birbirine karıştırılan bir konu.

Liderlik bir rütbe değil bir seçim. Birinin de bu işi yapması gerekiyor. İnsanlara değer verdiğinde, onlar da bunu anladıklarında, hele de insanları yükselmek için bir basamak olarak görmediğini hissettiklerinde sorun kalmıyor. Dolayısıyla onu hakkıyla yaparsan, kimse bundan gocunmuyor. Ayrıca hiçbir toplulukta herkes lider olmak istemiyor. Herkes o yapboz içinde bulunduğu yeri isteyerek, keyifle, karşılıklı ve paylaşımcı bir kültürle aldığını hissettiği zaman mutlu zaten. Seslerden oluşan bir ürün oluşturuyoruz ve orkestra gibi ses çıkarılan bir ortamda ses çıkarmayan tek kişinin en büyük otorite durumunda olması zaten belli bir alçakgönüllülük empoze etmeli. Mesela büyük bir orkestranın hepsinin aynı anda çaldığı bir sayfanın şef partisyonu... Bu sayfada tüm enstrümanları görüyoruz. Enstrümanlar ise sadece kendi çizgilerini görüyorlar. Orada aslında liderin rolü, esas sesi çıkaranları kendi işlevleri ile ilgili bilinçlendirmekten geçiyor. Yani bilgi paylaşımı. Müzisyene "orayı daha hafif çal, daha da hafif, daha hafif çalamıyor musun?" demek yerine "senin orda çıkardığın ses viyolaların buradaki sesiyle aynı; eğer sen burada onları duyabilecek kadar hafif çalarsan başka bir tını zenginliği ortaya çıkıyor, ayrıca kornoların çaldığı şu akorun bir parçasısın" şeklinde bilgilendirdiğin zaman "şöyle yap, böyle yap" demene gerek kalmıyor. Liderlik, doğru birimleri, doğru parçaları motive etmek, elindeki zamanı iyi kullanmak ve bunu onlarla bilgi paylaşarak yapmak demek.

İnsanlara konserle ilgili bilgi vermeyi de önemsiyorum ve mümkün olduğunca yapıyorum. Sırtını dönüp "gelen gelmiş, anlayan anlar" gibi bir yaklaşımla değil. Gençlik Orkestrası'ndaki öğrencilerime de daima "dinleyici ile konuşun" derim. Müzik tabii salt sözcüklerle anlatılamayacak şeylerden bahsediyor ama yine de terminoloji kullanmadan, ukalalık etmeden, yukarıdan bakmadan iletişim kanallarını açmak mümkün. Ve bence Türkiye'de bu kültürü yaşatabileceksek bu yeni yaklaşım çok önemli. Her alanda olduğu gibi müzik de barış ve diyalog ortamı olabilecekken bir kavga alanına dönüşebiliyor maalesef. Yıllardır klasik müzik camiasının yaklaşımı "halk zaten anlamaz, zaten bize Cumhuriyet'in gereğiymiş, bize de böyle yap dendi" şeklinde oluyor. Öğrencilerle bazen neden 13 yıl okuyup beyin cerrahı olmak yerine, 13 yıl keman çalışıyoruz, aklımızdan zorumuz mu var diye sohbet ediyoruz. Genelde "Atatürk istemiş" diye cevaplar geliyor. Peki 90 yıldır ne yapıldı? Çok az şey paylaşıldı ve insanların belli bir derinlikte bir şeylere hakkı olduğuna yeterince inanılmadı. O yüzden bu tür Batı kökenli, evrensel kültürel değerlere karşı duran, bunu düşman ilan etmiş bir iktidar söz konusu olduğu zaman da karşı taraftakilerin savunacak çok bir şeyi olamıyor. Çünkü klasik müzik de her zaman bir ötekileştirme aracı olarak kullanılmış. Halbuki ben sokaktan geçen herhangi bir insanın en iyi müziğe hakkı olduğuna inanıyorum ve benim işim bunu onunla paylaşmak.

Metropolün yanı başında bambaşka bir dünya: Burgazada.

İlk 3

İSTANBUL FAVORİM

1

Aya İrini

"Hoş bir hüzün. İstanbul'un artık olmayan çokkültürlülüğünü çağrıştıran yerlerden. Şehrin en çok beğendiğim yerlerinde hep kaybedilmiş bir şeylerin hüznü var zaten."

Topkapı Sarayı'nın birinci avlusunda yer alan Aya İrini, sadece Bizans'ın değil, tek tanrılı dinlerin de ilk mabedi olarak biliniyor. İstanbul'u kuran Roma imparatoru Konstantin tarafından, M.S. 330'lu yıllarda Roma tapınaklarının üzerine inşa edilmiş. İstanbul'un fethinden sonraki yüzyıllar boyunca önce ganimet ve silah deposu, 19. yüzyıldan itibaren müze olarak kullanılmış. Günümüzde çeşitli konserlere ev sahipliği yapıyor.

2

Anemas Zindanları

"Theodosius surlarının bir parçası olan, Bizans'ın ünlü Anemas Zindanları, İstanbul'u en esrarengiz bir şekilde yaşadığım yerlerden biri."

Edirnekapı semtinde yer alan ve Bizans'ın ünlü saraylarından Blakhernai'nin bir parçası olan Tekfur Sarayı, günümüzde müze olarak ziyarete açık. Onun yeraltındaki devamı niteliğinde olan Anemas Zindanları'nın dehlizleri ve hücreleri, vaktiyle Kara Murat ve Kahpe Bizans gibi tarihi filmlere set olmuş. Günümüzde ise müzeye dönüştürülmek üzere restorasyonu sürüyor.

3

Boğaziçi

"Ona yapılan her şeye rağmen, o inanılmaz güzellik ve dinamizmin başka bir yerde bulunduğunu düşünmüyorum."

İstanbul'a stratejik önemini veren 31 kilometrelik bu doğal su yolu, bugün büyük mahallelere dönüşmüş balıkçı köyleri, yazlık sarayları ve sayıları 600 civarında olan tarihi yalılarıyla, İstanbul'u İstanbul yapan şeyin ta kendisi.

Cem Mansur'un İstanbul'u

"Burgazada'daki Kumbaros koyu, koca bir metropole bu kadar yakın olup, onu görmeden kendimi bambaşka bir dünyada hissetmek için gittiğim yer."

Benim Mahallem

BURGAZADA

"Burgazada'daki Kumbaros koyu, koca bir metropole bu kadar yakın olup, onu görmeden kendimi bambaşka bir dünyada hissetmek için gittiğim yer. Her ne kadar açıklarında Yassıada'ya yapılan felaket göze çarpsa da! Kalpazankaya Lokantası, manzarası ve en önemlisi bozulmayan yemek kalitesiyle adanın sevdiğim yerlerinden. 2003'teki yangından sonra tepeye çıkış hüzünlü bir hale gelmişse de, Hristos Tepesi'ndeki eski Rum mezarlığıyla hemen köşesinde, adaya yerleşmiş Almanların mezarları görülmeye değer."

İstanbul'un Lezzetleri

PANDELİ

"Bir süre kapalı kaldıktan sonra neyse ki yeniden açıldı. Hem de eski İstanbul'un yemek kültürü ve terbiyesiyle... Yalnız dikkat, akşam yemeği servisi verilmiyor."

Niğdeli Rumlar'dan Pandeli Çobanoğlu'nun hamallara köfte ekmek satmak için Mercan Yokuşu'nda kurduğu küçük esnaf lokantasının, 1950'lerde Mısır Çarşısı içindeki yerine taşınarak İstanbul'un en önemli kültürel miraslarından birine dönüşme hikayesi oldukça sıra dışı. 2016'da bir süreliğine kapanan efsane restoran, neyse ki yeni bir girişim ile şehre geri kazandırıldı.

Rüstempaşa Mah. Balık Pazarı Kapısı Sok. 1/2, Mısır Çarşısı İçi, Eminönü, Fatih - 0212 527 39 09
www.pandeli.com.tr
Her gün 11:00 – 18:30 arası açık.

KARAKÖY LOKANTASI

"Eski ticari merkezlerden biri olan Karaköy'ün yeniden yaşaması heyecan veriyor. Bu restoran da servisi ve kalitesiyle

Karaköy'ün dikkat çekici noktalarından biri."
Kemankeş Karamustafa Paşa, Kemankeş Cad. No: 37 A, Beyoğlu
0212 292 44 55
karakoylokantasi.com
Her gün, 12:00 - 16:00 ve 18:00-24.00 (pazar günleri ise 16:00 – 24:00) arası açık.

DİVAN BRASSERIE BEBEK

"Suyun tam üstünde, sevdiğim mekanlardan."
Boğaz'ın en güzel semtlerinden Bebek'te yıllardır kalitesini koruyan, harika manzaralı bu sahil restoranı; retro dekoru, Türk ve Dünya mutfaklarını harmanlayan menüsü, geniş şarap kavı ve hafta sonu sunduğu serpme kahvaltısıyla tercih ediliyor.

Divan otel ve restoran zincirine ait mekânın kendine ait iskelesine konuklar tekneyle yanaşarak da ulaşabiliyor.
Bebek Mah., Cevdet Paşa Cad. No: 28/A, Beşiktaş
0212 263 29 73
www.divan.com.tr
Her gün 10:00 - 24:00 arası açık.

TAZE CEVİZ

"Bostancı Sahili'nde Adalar iskelesi önünde taze ceviz satanlara hâlâ rastlarsınız."
Yaz sonu geldiğinde İstanbul'un pazarlarındaki sınırlı sayıda tezgâhta, şehrin çeperlerinden toplanıp getirilmiş kokulu üzümler, incirler ve taze cevizler boy gösterir. Bu da eski İstanbulluların vazgeçemedikleri alışkanlıklardan biridir.

Hazine Avı

KAPALIÇARŞI

"Burada alışveriş yaptığım iki mekân var: Olağanüstü kumaşları ve şalları için Köylü Pazarı No: 57'ye giderim. Bedesten içindeki kuyumculardan Rolan'da ise aldatılmazsınız."

Tarihin İzinde

KARİYE

"İçinde inanılmaz mozaik ve freskler var."

İlk yapıldığında İstanbul surlarının dışında kaldığı için, Eski Yunanca'da kent dışındaki kırsal bölge anlamına gelen Chora adını alan bu kilise ve manastır kompleksi, İsa'nın hayatından sahneler anlatan ve Rönesans öncesi dönem için şaşırtıcı derecede ustalık eseri mozaikleriyle ünlü. 2020'de ibadete açılarak müzeden camiye dönüştürüldü.

Kariye Mah. Kariye Camii Sok. No: 18, Edirnekapı
0212 631 92 41 - muze.gov.tr
Her gün, 10:00 – 17:00 arası açık.

TOPKAPI SARAYI

"Harem bölümü, gezerken atlanmaması gereken, sarayın asıl yaşayan yeri..."

Marmara Denizi, Boğaz ve Haliç'in buluştuğu çok özel bir noktada, tarihi yarımadanın en ucunda kurulu Topkapı Sarayı, Fatih Sultan Mehmet'ten 31. padişah Sultan Abdülmecid'e kadar dört yüzyıl boyunca imparatorluğun idare merkezi olmuş. 19. yüzyıldan itibaren hanedanın Dolmabahçe Sarayı'na taşınmasıyla beraber terk edilmiş ve 1924'te Cumhuriyet'in ilk müzesine dönüştürülmüş.

Günümüzde çeşitli arşiv belgeleri ve Osmanlı hanedanının kullandığı eşyalardan oluşan zengin koleksiyonuyla ilgi odağı.

www.millisaraylar.gov.tr
Salı hariç her gün, 09:00 - 18:00 saatleri arasında açık.

Müziğin Birleştirici Gücü

BARIŞ İÇİN MÜZİK VAKFI

"Kariye Müzesi'nin hemen arkasındaki bu vakıf, müziğin toplumsal barış yolu olarak varlığını yaşamak için Türkiye'nin büyük

mucizelerinden biri."
Mehmet ve Yeliz Baki'nin 2005'te temellerini attığı vakıf, bağışçıların ve gönüllü eğitmenlerin desteğiyle, fırsat eşitliğine sahip olmayan çocuklara ve gençlere karşılıksız müzik eğitimi veriyor.
Dervişali Mah. Kariye Türbe Sok. No:14 Edirnekapı, Fatih
0212 631 0686
www.barisicinmuzik.org

Klasik Müziğin Şehirdeki Adresi

CEMAL REŞİT REY KONSER SALONU

"Her tür müziğin en iyisi burada. Yeniden bir dünya metropolünün kültür merkezi haline gelebilmesi, dinleyicilerin ona sahip çıkması müthiş oldu!"
İstanbul Büyükşehir Belediyesi tarafından yaptırılıp 1989'da hizmete açılan CRR Konser Salonu, Cumhuriyet'in ilk yıllarından itibaren Türkiye'de çok sesli müziğin öncülerinden olan besteci, piyanist, orkestra şefi ve eğitmen Cemal Reşit Rey'in adını taşıyor. Ekim-Mayıs döneminde uluslararası çapta konserler, dans ve bale gösterilerine sahne olan kültür merkezi bünyesinde, CRR Senfoni Orkestrası, CRR Türk Müziği Topluluğu ve CRR Caz Orkestrası da faaliyet gösteriyor.
Harbiye Mah. Darülbedayi Cad. No: 6 Şişli - 0212 312 63 25
crrkonsersalonu.ibb.istanbul

Topkapı Sarayı'ndan detay işlemeler.

Boğaz kıyısındaki 600'e yakın tarihi yalıdan biri.

"İstanbul çok büyük bir şehir ve burada yaşayıp hala Boğaz'ı görmemiş insanlar var! Bense tüm misafirlerime İstanbul'u Boğaz'dan göstermeyi severim."

ERGÜN GÜNDÜZ

Çizer – Karikatürist

Da Vinci'nin Yolunda

Ergün Gündüz ile: Cadı Bostanı ve Süreyyapaşa Plajı'ndaki ilk gençlik yıllarından Çarşaf ve Gırgır'da çizerliğe, Vampirella'dan İstanbul'un taksi hikayelerine.

Osmanlı uzantısı bir dönemin bitip daha çağdaş bir dönemin başladığı, 1960 İstanbul'unda doğduğum için kendimi şanslı hissediyorum. Bu özel döneme ait anılarım çok. Örneğin çocukluğumda Osmanlı'nın uzantısı olan mükemmel süslü kayıkları, o döneme ait delikli parayı gördüm. Sadece bir yıl süren bir uygulama sırasında annem beni yanında götürdüğü için şahit olduğum, kadınlarla erkekler plajının bezle ayrıldığı ve kadınların ayrı plaja girdiği görüntüler var hafızamda.

Şehre çok yakışan ve yakın zamana kadar gelen büyük Amerikan arabaları, Dodge'lar var. Aynı şekilde Bostancı'da olduğumuz için ada kültürü de çok özeldi. Adalardaki gayrimüslimler ile yaşanan sosyal ilişkiler çok keyifliydi.

On iki yaşlarındaydım. Bir gün babam beni ilk Boğaz Köprüsü'ne götürdü. Yeni açılmıştı ve yayalara geçiş serbestti. Ortaköy'deki polis karakolunun önünden asansöre binip yukarı çıktık. Hayatımda ilk defa bu kadar yükseğe çıkmıştım. O zamanlar İstanbul'da en yüksek ev beş katlı... Dizlerimin titrediğini hatırlıyorum. Yürüdük, indik, kısa süre sonra da yasaklandı.

Ergün Gündüz ile İstanbul isimli suluboyayla, küçük notlarla dolu büyük boyutlarda bir sketchbook yaptım. Bu kitapta semtlere verilen isimlerin neden konmuş olduğunu ve anlamını araştırdım. Örneğin Caddebostan'ın gerçek adı Cadı Bostanı. Mahkûmları tarlalarda çalışmak üzere oraya isçi olarak götürüyorlarmış eskiden. Çevrede yaşayanlar da çocuklarını yaklaştırmamak için "oralarda cadılar var" diye korkutuyorlarmış. Sonradan "cadı" harf benzerliği de kullanılarak "cadde"ye dönüşmüş. Şu an adı hâlâ Caddebostan'dır mesela. Oralar gerçekten bostanlarla doluydu, çocukluğumda da o taraflarda yaşadığım için çok iyi biliyorum. O zaman derelerden geçerek okula gidiliyordu. Bu bölge de şehrin sayfiye yeri gibiydi zaten. Dokuz on plajı vardı; bugün hiçbiri yok. Babam inşaat mühendisi. O zamanlar devlet görevlisi olarak belediyede görev aldığı için evimiz yaz kış orasıydı.

Küçükken evde hep çizerdim. Her çocuk gibi babamı, annemi de çizerdim ama bunu pek kimseyle paylaşmazdım. O dönem mizah dergisi Gırgır'ın yani sıra Çarşaf diye de bir dergi çıkıyordu. Orada Bülent Düzgit'in çizgilerini beğeniyordum. On beş yaşlarındaydım, okulun yaz tatili dönemiydi ve bir şeyler yapayım istedim. Çarşaf dergisine gittim. Hemen işe almadılar ama beni aşağıdaki TV'de 7 gün adlı magazin dergisine vinyet yani yazı kenarlarına çizimler yapmak için yolladılar. Hatta Çetin Emeç'in odasının yanında bir odada oturmaya başladım. Bir gün Kayhan Yıldızoğlu ile inanılmaz güzellikte, genç bir İngiliz kadın, Suna Yıldızoğlu geldi ve masamın bir metre ötesinde oturdular. "Dünyada böyle insanlar da varmış" diye düşünüp gözlerimi alamadığımı hatırlıyorum. Yıllar sonra arkadaşım oldu. Hâlâ dostuz ve birlikte projeler yapıyoruz. O yaşlarda kendini küçük hissediyorsun ama büyüdükçe bir şeyler dengeleniyor. Büyük şehirlerde bu hikâyelerden çok var. İstanbul'un böyle bir enerjisi de var. Lezzetli bir şehir.

Zaman içinde çizgi yeteneğimi gitgide geliştirdim. Çarşaf'ta çalışmak, Hürriyet gazetesine girip çıkmak, Çetin Emeç'le tanışıyor olmak bana çok şey kattı. Küçük yaşımda insanlardan beslenmeye başladım. Evde kimsenin haberi bile yoktu benim ne yaptığımdan. Bunları tamamen kendi başıma başarmıştım. Bir süre sonra para da kazanmaya başladım. Biraz şanslıydım. Ailem öğretmenlerin dediğine önem veren bir aileydi. Bir gün okuldaki öğretmenim anne babamı görüp "bu çocuk çok iyi bir çizer, ressam olacak" dediği için bu isteğime hiç müdahale etmediler. O öğretmenimle yıllar sonra bir sergide yan yana geldik ve resimlerimiz de tesadüfen arka arkaya konulmuştu. Hayat bana yardımcı olanlarla beni bir şekilde bir araya getiriyor. Hep çok değerli yol göstericilerim oldu. Oğuz Aral da bunlardan biriydi. Özdemir Altan gibi modern resim sanatının öncülerinden, çok aydın bir insanın yanında yolculuk yapmak hepimizi farkında olsak da olmasak da besledi. Ben de mümkün olduğunca birçok kişiyi yetiştirdim.

Alıp vermek çok önemli bir şey. Bu her yerde olabilir ama İstanbul'un kültüründe bu alışverişin, etkileşimin olması özellikle şartmış gibi hissediyorum. İstanbul'un tarihinde Roma var, Bizans var, Latin var, Osmanlı var... Şehrin 8000 yıllık olduğu daha yeni ortaya çıktı kazılardan. Bu topraklara ayağımızı bastığımız sürece, aynı topraklardan gelip geçmiş tüm etnik kökenlerden, Rum'undan, Türk'ünden, Çerkez'inden, buradan etkileniyoruz. Bunu fark etmek önemli. Biz zaten Balkan göçlerinden gelen bir aileden geliyoruz. Burnumuzun bir ucunda batı kokusu var.

Hayatımın İstanbul yolculuğunda çeşitli semtler daha ön plandaydı. Önce Anadolu tarafı; Bostancı, Küçükyalı, Maltepe. Eski Süreyyapaşa Plajı vardı bir de... Hele benim için rüya bir plajdır. Denizin ortasında bir kayanın üzerine konmuş bir kadın heykeli vardı ve biz o heykele yüzer, o kayaya çıkar dinlenir, sonra tekrar yüzerdik. Plaj, tren yolunun yanındaydı; girişinde de yedi sekiz tane mayolu kadın kabartmaları olan rölyef vardı. Bugün o heykel hâlâ duruyor ama yanında Migros var, diğer tarafında yol var, doldurulmuş topraklar var... Doldurulduğu için 5-6 metre olan heykel şimdi 1,5 metre toprağın içine gömülmüş duruyor ve onu bu haliyle görmek çok acı.

Avrupa yakası, Cağaloğlu, Sirkeci ve Sultanahmet arası hayatıma dergideki ilerlemem takdir edilince girdi. Babıâli gazeteciliğin önemli bir merkeziydi. 1975'lerde Sultanahmet hippi doluydu. Kızılderili bile gördüm orada. Büyük bir tır gelirdi, tırın kapağı açılınca içinde çekmece gibi ranza usulü uyuyan insanlar görürdünüz. Hindistan'a kadar bu şekilde yolculuk yapan, ucuza yaşayan batılılar... Onları görmek de çok keyifliydi. Okulda bir eğitim alıyorduk ama asıl hayatın içinde gitgide beynim açılıyordu. Evliya Çelebi hikâyesi işte. Gezmek mi, okumak mı? İkisi de çok önemli. Şehri gittikçe sevmeye başladım. Ayasofya'yı, Mavi Camii'yi, Yerebatan Sarnıcı'nı...

Derken Osman Hamdi'nin kurduğu, ben girdiğimde Akademi olan sonra Mimar Sinan Üniversitesi'ne devşirilen Güzel Sanatlar Akademisi'ne girdim. Klasik bir eğitimdi. Kasları ve insan vücudunu anlamak için anatomi dersimiz bile vardı. Ardından adına "Güzel Sanatlar" deyip modernizasyona geçtiler ve bu dersler kalktı. Halbuki eğitim klasik başlamalı, sonradan moderne dönülmeli. Bu süreçte de Kabataş'a doğru yeni yerler keşfetmeye başladım. Böylece Karaköy, Mecidiyeköy gibi semtler de girdi alanıma. Dayım Galata'da otururdu. Apartmanın iç avlusunda yeşillikler vardı. Tünelden Galata'ya inen yolda Mevlevi dergâhı vardır. Benim dayımın o sokakta kırtasiyesi vardı. Papyonlu, şık bir adamdı dayım. Güzel bir şey yapmışsam camlı bir kutuyu anahtarla açıp bana lokum verir, tekrar kilitlerdi. Çokça kitabı vardı. Göçmen olan baba tarafım daha çok Gaziosmanpaşa taraflarına yerleştirilmişti. O tarafa gidince bayramlarda dolaşan kırmızı renkteki seyyar salıncakları görürdük. Onlar da Osmanlı'dan kalmadır. Gondol gibi küçüklerdi, buradan alır başka semte götürürler... O döneme ait bir diğer önemli tanıklıklarımdan biri de ortaoyunu ve tuluat ustası

Osman Hamdi Bey'in Pera Müzesi'nde sergilenen "Kampumbağa Terbiyecisi" tablosu.

İsmail Dümbüllü'dür. Stand-up'ın ilk örneklerinden biri odur aslında. Biz de bir gece ailemle Çadır Tiyatrosu'na gitmiştik. İp cambazları bile vardı, unutamıyorum. Bu şehrin bende bıraktığı çok güzel, değerli izler bunlar.

Sonra işim yüzünden tamamen Avrupa yakasına taşındım. Vapurla geçerken yunuslar vapurlara eşlik ederdi o zamanlar. Sirkeci'den kalkan bir akşam vapuru vardı. Önce Moda'da bir iskeleye uğrardı, sonra Caddebostan'a, Bostancı'ya, oradan da Adalar'a geçerdi. O vapura yetişmeyi çok isterdim hep. Adaya giden gayrimüslimlerle dolu olurdu, Fellini filmlerindeki gibi bir vapurdu! Vapurda kâğıtlar, pokerler oynanıyor, satıcı geliyor numara dağıtıyor, numarayı parayla alıyorsun. Koca bir ıstakoz mesela, kime çıkarsa ıstakozun sahibi oluyor. Bazen ıstakoz yerine büyük boy viskisine oynanırdı. Kahkahalar, yarım Türkçe ile konuşanlar, "27 numara!" diye bağıran satıcının sesi... Garsonlar likör, portakal sulu votka dağıtırlardı. Resmi değildi ama kimse de bir şey demezdi. Hatta bir seferinde kaptan da demlendiği için Moda'ya uğramayı unuttu. Islıklar filan ancak öyle geri döndük Moda'ya. Benim için bunlar hep bu şehrin damakta kalan hikâyeleridir.

Tabii 70'lerin ortalarındaki, 80'lerdeki çatışmalara da şahit oldum. Sol görüşlü bir dergide çalıştığımız için epeyce problem yaşadığımız dönemler oldu. Bir karikatürist o dönem işkence ile öldürüldü. Beni de bir tren istasyonunda kaçırdılar. Birden bir bakıyorsun sağ görüşlü insanlar koluna girmişler. Onlarla birlikte yaka paça yürürken mavi bereli bir asker gördüm, belki korkarlar diye düşündüm ama bunlar askerle selamlaştılar. "Seni izliyoruz, dikkat et" gibi şeylerle gözdağı verip seni şekillendirmeye çalışıyorlardı. Yine bir gece eve dönerken vapur kaçırıldı. Bu sefer sol görüşlü kişiler tarafından. Açık denizdeyiz ve yanaşamıyoruz. Megafonlarla polisler bağırıyor "teslim olun!" diye. Sonunda yerlerde kan revan içinde yatanlar, inerken kontroller, askerler tarafından yere yatırılmış, kafalarına tüfek doğrultulmuş insanlar... Tabii ki politik bir görüşüm vardı ve buna uyan bir dergide çiziyordum. Ama buna rağmen, hiçbir zaman bir gruba dahil olmadım. Şekillendirilmeyi de, başkalarını şekillendirmeyi de sevmem. Hiçbir zaman birisi bir şey dedi diye çizmedim.

Bir yandan ben de çizim olarak popüler kültürün içine girdim. Haftada beş yüz bin dergi satıyorduk. Ayda iki milyon net satış. Şu an bile bu rakam dünyada büyük bir rakam. O sıralarda Avrupa'da bu kadar satan popüler bir dergi yoktu. Bir de bir dergiyi beş öğrenci okurdu. Biri alır kantine bırakır, sonra diğerleri de okur. Yani okur sayımız çok yüksekti. O zamanlar birinci sırada Amerika'da Mad dergisi, ikinci sırada Rusya'da Krokodil ve üçüncü sırada Türkiye'nin Gırgır dergisi vardı. Sonra biz bir grup idealist genç olarak Gırgır'dan ayrıldık ve biraz daha yenilik getirmek istedik. Biz X kuşağıyız. Yani Star Wars gibi filmlerin çıktığı dönemler... 70'li yıllarda Animals, Pink Floyd, Deep Purple, Bob Dylan, Joan Baez'lerle büyüdük. Kendini daha özgür hisseden bir nesildik biz. O yüzden "kendi dergimizi yapalım, biraz daha değiştirelim, renk koyalım" deyip ayrıldık Gırgır'dan. Oğuz Aral bir ailedeki baba gibiydi. Kendisi yenilik yapıp dergiyi oluşturmuş ama başka yenilikleri kabul etmekte zorlanıyordu. Hepimize özel basılmış bir Avni vermişti ama bana "bunun içine evde bak, dergide değil" demişti. Eve gidince bir baktım "benden de iyi çizen Ergün Gündüz'e" diye imzalamış. Bana "burada açmayacaksın" dediği için yıllarca bunu kimseye söyleyemedim. Yani yine klasik bir baba gibi değer verdiğini bile saklıca gösteren bir tavır. Biz oradan yenilikçi çocuklar diye ay-

rıldık ama biz de beş yüz bin sattık. Yani o sıralamaya biz de girdik. Ardından çıkan dergiler bu rakamlara hiçbir zaman gelmediler. Sonra ilerleyen zamanda ülkenin şu anki politik yapısının yansıması olarak dergi içerisinde de parçalanmalar başladı. İktidara yakın olan ve ters düşenler çıktı ve o dönem kapandı. Ben bir yandan da resim eğitimi aldığım için ve hatta ressam olarak yüksek lisans yaptığım için farklı şeyler yapmaya başladım. 1981'de darbe oldu ve Bahreyn'e gittim. Orada üç yıl boyunca reklam sektöründe ve çizgi film işinde çalışmalar yaptım.

Kendimi bu anlamda tarz olarak Leonardo Da Vinci'ye benzetiyorum. Benzetiyorum derken, yetenek derecesi olarak değil elbette. Da Vinci'nin karikatürleri var, icatları, dizaynları, heykelleri, mimari projeleri var, tabloları var; anatomi de yapmış, yazılar yazmış dolu dolu bir dahi. Kendime bakınca çizgi film yaptım, resim sanatçısıyım, roman yazıyorum, çizgi romanlar yaptım, karikatür yaptım, portreler yapıyorum. Da Vinci'nin bu çok yönlülüğünden bahsediyorum. Genelde insanlar tek bir şeyi seçer ve onda devam eder. Ressamsa resim yapar, heykeltıraşsa heykel yapar. Ben heyecanımı devam ettirmek için iş monotonlaşmaya başlayınca başka bir şeye atlıyorum. Tabii yine mesleğimin ve beceri sınırlarımın içinde. Yeni denediğim şeyleri de yapabileceğim en iyi şekilde yapmak için uğraşıyorum.

Şehrin modern iş merkezi Levent.

Reklamdan sonra tekrar resme döndüm. Tablolar yapmaya başladım. İllüstrasyonlar, sektörden paraya çabuk dönecek suluboya çalışmaları... Ardından dijitale geçtim, dijital illüstrasyonlara başladım ve tahminimin üzerinde bir sonuç aldım.

Şu an Princeton Üniversitesi'nde basılmak üzere bir kitap yapıyorum. Yazarı Jenny White, antropolog. Onunla 70'li ve 80'li yıllar arasındaki o dönemi romana çevirdik. Bu da tüm bu anlattıklarımın, o dönemin binlerce yıl korunacağı, yaşayacağı anlamına geliyor. Çizgi roman yapıyoruz ama bilimsel bir araştırma üzerine. O yılları yaşayıp bugünlere gelen sağ ve sol görüşten kırk kişi ile yapılan röportajları baz alan bir roman. Böylece yaşadığım o dönemleri bir belge olarak sunuyor olmak da benim için önemli. 2021 yılında basılacak.

Vampirella, 1969'da İspanya'da yaratılmış bir kadın kahraman, kült bir karakter. Karakterin tasarımında ressam Frank Frazetta ve José González vardır. Bizim için ilah isimler. Bu karakterin ellinci yıl dönümü dolayısıyla Amerika'da özel bir kitap hazırlamak istediler. Yazar olarak Oscar ödüllü Black Panther'in yazarlarından Christopher Priest'i, çizer olarak da beni seçmişler. Bu kadar adayın içinden beni seçmiş olmaları ve onların isminin yanında benim ismimin de anılıyor olması gurur verici. Bu tarz özel sayılar özellikle koleksiyoncular için değerli. Bundan sonraki seri 100. yılında çıkacak ve o zaman ben yokum.

2018'de Birinci Dünya Savaşı'nın bitmesinin 100. yılı için İngiltere-Fransa ortaklığında Traces of the Great Art başlıklı bir proje yapıldı. Dünyadan 20 yazar ve 20 çizer katıldı, içlerinde ben de vardım. Albüm içindeki diğer sanatçılar arasında çok beğendiğim isimler var. Birlikte 15 gün geçirdik. Çok özeldi. Maison de la culture d'Amiens adlı büyük bir tiyatroda sürpriz bir performans gerçekleştirdik. Adına da canlı çizgi konseri dedik. Bize üç saat öncesinden haber verildi. Sunucu değerli edebiyatçılar tarafından yazılmış savaş öykülerinden parçalar okurken, çizerler de doğaçlama müzik eşliğinde sırayla esinlendiği şeyleri çiziyordu. Ama herkes Fransızca konuşuyor, benim çizeceğim hikâyeyi de Fransızca yollamışlar. Fakat ben Fransızca bilmiyorum!

Son anda Google yardımıyla çevirip ne olduğunu anlamaya çalıştım: Bir askerin savaştan geri dönerken yazdığı bir aşk mektubu. Sıra bana geldi. İlk kez sahnede bu tarz bir performans gösterecektim. İnsanın bu yaşta hâlâ o adrenalini hissediyor olması çok güzel. Sırtını ağaca vermiş, başı öne düşmüş bir asker çizdim füzen kalemi ile, gri tonlu. Bir eli yere düşmüş, kalem avcundan yuvarlanmış ve perspektifte bize doğru rüzgârla gelen kâğıtlar var. Aslında ölmüş ama yazdığı şiir o kâğıtta ve bize doğru uçuyor. Çizimde renk yok ama sonunda kırmızı bir boya tüpünü sıkarak kanı temsil eden dokunuşlar yaptım ve alkışlarla bitti. Bu tarz işler insanı teşvik ediyor.

Onun dışında bir "taksi projesi" yapmaya karar verdim. İstanbul'da çok taksiye biniyorum, o yüzden dinlediğim, yaşadığım çok taksi muhabbeti oluyor. Onlardan bir seri yapıyorum. Nötr bir karakter var, bir eylemde bulunmuyor, sadece hikâye anlatıcılarını arabasına alıyor. Onların yolda anlattığı hikâyelere flashback'ler yapan bir anlatım üslubu var. Fırsatım olunca üçüncü cilde başlayacağım. Avrupa'nın EuroComics isimli AB destekli bir organizasyonu var. Oraya Türkiye'den ilk giren kitap Taksi oldu. Dijital olarak İngilizce okunabiliyor.

İş dışında sosyal olarak yaptığım şeyleri düşünüyorum da, genelde dersler vermişim, bir karikatürü, çizmeyi anlatmışım. On iki yıl boyunca İstanbul Bilgi Üniversitesi'nde "Drawings for Digital Media" isimli bir ders verdim örneğin. Şimdi de Özel İstanbul Koleji'nde 7-9 yaş aralığındaki çocuklara karikatür dersi veriyorum ve çocuklarla çizim yapıyorum. Davranış bozuklukları olan ve otizmli çocukların okuduğu bir okul. Benimle mutlular. Birlikte kulüp dersi yapıyoruz ve onları özgür bırakıyorum, şunu şöyle yap diye strese sokmuyorum ve elimden geldiğince eğitip anlatmaya çalışıyorum. Harika beyinleri, bakış açıları var. Onlara öğretirken ben de dinlenmiş oluyorum.

Birden fazla işi aynı anda yapıyorum ama dinlenme zamanlarımı, verdiğim araları hep başka bir şey yaparak ayarlıyorum. Mesela çalıştığım projede çok mu yoruldum, resim yapıyorum, ya da ev dekorasyonu yapıp dinleniyorum. Uzanıp yatmıyorum. Aslında bunun beyni dinlendiren ve geliştiren bir felsefe olduğunu okudum. Tek bir şeyle uğraşınca beyin kendini yemeye başlıyor. Bir rutinde bir şey öğrenmeden devam ediyorsun. Halbuki yer değiştirip geri döndüğünde beynin daha açık ve daha hızlı özümsediği ortaya çıkmış araştırmalardan. Böylece hem enerjin yükseliyor, hem de yaptığın diğer işe dönünce onu da özlemiş oluyorsun. Aşağıya kahve içmeye inmişsem orada uğraştığım başka bir çizimi yapıyorum. Yani dinleneyim dediğim yerde diğer yapmam gereken işi yapıyorum. Sonra eve dönüp diğer projeye devam ediyorum. Bu proaktiflik beni hem besliyor hem de bazen zorluyor. Ama "demek ki enerjim var, yoksa kim yapacak" deyip yapıyorum.

Mistik bir dünyaya inanıyorum ben. Bazen öyle tesadüfler oluyor ki inanmamak mümkün değil. Örneğin ülkede birtakım ilaç krizleri olmuştu, diyabettim ve komaya girdim. Hastaneye yatırdılar. Hastanede okumak için abimden İngiliz Longman yayınevinden İngilizce resimli öykü kitaplarından bir tane almasını istedim. Bir Arap adasında körfezde yaşayan, dhow dedikleri teknelerdeki inci avcılarının hikâyesini getirmiş. Aradan 3 sene geçti ve o ülkeden bana teklif geldi. Bahsettiğim Bahreyn işi! Sonra geri dönünce bunun o kitapta anlatılan ada olduğunu, bana bunun işaretinin geldiğini anladım. Algılarsan algılıyorsun. Bunu kavramak gelişmemde beni ileri sıçratan bir adım oldu. Eğitimimiz hep bilimsel gerçekler üzerine kurulu ama daha çok okudukça, bilgilenip kafan açıldıkça mistisizmi daha çok anlıyorsun. Rakamlara da inanıyorum. Adımın ve soyadımın toplamı on bir. Sonra geçmişe dönüp oturduğum evlere bakınca ya 11 numarada oturduğumda ya da toplamlarının 11 olduğunu fark ettim. Bir de on birinci ayda doğmuşum. Obsesif değilim ama yine de bakarım. Benim bir on bir yolculuğum var ve sürekli önüme çıkıyor. Ya da algıda seçicilik de diyebiliriz; belki ben önüme çıkan rakamlarda sadece onlara dikkat ettiğimden 11 görüyor da olabilirim. Nasıl baktığına bağlı. Bir de şöyle bir düşüncem var. Mesela belki şu an yaşamıyoruz ama yaşadığımızı zannediyoruz, yaşıyormuş gibi algılıyoruz. Uzayın derinliklerinden yola çıkan yıldız ışıkları da bize yansıyor ama bazı yıldızlar çoktan sönmüş oluyor. Biz onları hâlâ parlıyor görüyoruz çünkü geç algılıyoruz. Ben de kendime bir gün şu soruyu sordum: Acaba hayatımızı da geç mi algılıyoruz? Belki de ölüyüz ve beynimiz geç algıladığı için kendimizi hâlâ canlı görüyoruz ve bitmiş hayatımızı izliyoruz. Mesela bazen deniyorsun, olmuyor. Halbuki o zaten olmamış. Biz bu röportajı şu an yapıyoruz çünkü zaten bunu yapmışız. Böyle düşünmek insanı rahatlatıyor. Karar vermeye gerek yok, zaten vermişsin. "Buradan gideyim" diye düşünüyorsun, zaten oradan gitmiş olduğun için onu seçiyorsun. O yüzden çok sıkıştın mı bırak kendini, zaten ne olmuşsa o olacak aslında. Buradan da şunu çıkarıyorum: Falcılar mesela senin geleceğini değil, geçmişini anlatıyorlar. Déjà vu'lar veya rüyalar da bunu destekliyor aslında. Mistisizmin hayatımızda bir yeri var. O bir enerji. Bütün toplumlarda da vardı. Bir sürü sorumuz var ve cevabını bilmiyoruz. Bu evrende yaşayan bir tek biz miyiz gibi? Bu mesleğime ve çizimlerime de yansıyor. Örnek vereyim, Büyük Savaşın İzleri kitabı için yazar Marguerite Abouet'in gerçek bir öyküden uyarladığı hikâyeyi çizeceğim. Ben hikâyedeki kadının resmi geç geldiği için anlatılandan hayal edip çizdim. Sonradan resim geldi. Saçlarına kadar tıpatıp aynısını çizmişim. Böyle olunca mistisizme geçiyoruz. Algılarımın açık olduğunu ve empatimin yüksek olduğunu da biliyorum. Bu yüzden biraz daha Carl Gustav Jung tarafındayım.

Şimdilerde İstanbul'un Boğaz semtlerinde yaşamımı sürdürüyorum. İstanbul'u yaşamak için sık sık yer değiştirmekte fayda var derim. Çünkü her yeri başka güzel.

Göksu Deresi ağzında yer alan Anadolu Hisarı.

İlk 3

İSTANBUL FAVORİM

1

Banyan

"Ortaköy'deki bu Uzakdoğu restoranı, benim için son dönemlerde önemli yerlerden biri. Eski tabirle Konstantiniye, bugünkü haliyle Tarihi Yarımada'dan Kadıköy açıklarına, Kız Kulesi'nden Ortaköy Camii'ne ve birinci köprüye kadar uzanan harika bir panoraması var. Balkona kurulan nefis barında İstanbul'u seyrederken içkini yudumlayıp sohbet etmenin tadına doyum olmaz. Gecesi, gündüzü başkadır."

Muallim Naci Cad. Salhane Sok. No:3, Ortaköy
0212 259 90 60
www.banyanrestaurant.com
Her gün, 12:00 – 02:00 arası açık.

2

Beylerbeyi Doğa Balık Restaurant

"Boğaz'ın Anadolu yakasındaki Beylerbeyi semtinde, hemen birinci köprünün altındaki bu restoran, eski bir konağın bahçesinde ve harika bir manzarası var."

Yalıboyu Cad. No:36, Beylerbeyi
0216 422 28 51
www.beylerbeyidoga.com
Her gün, 10:30 – 24:00 arası açık.

3

Göksu Deresi

"Göksu Deresi'nden beş saatliğine tekne kiralarız mesela. Kendi yiyecek içeceklerimizi alırız, aralarda durup yüzeriz. Benim hep böyle zamanlarda aradığım bir İsmail Kaptan vardır. Gelip Bebek'ten, İstinye'den alır bizi, gezdirip geri bırakır. İşinin erbabıdır. 'Göksu deresi, kiralık tekne' diye internette ararsanız çıkar."

Ergün Gündüz'ün İstanbul'u

"Göksu Deresi'nden tekne kiralarız, beş saat boyunca. Kendi yiyecek içeceklerimizi alırız; aralarda durup yüzeriz."

Benim Mahallem
BEBEK

"Bebek benim için çok özeldir. Orada oturduğum zamanlar, küçük bir semt olduğundan herkes birbirini tanırdı. Bugün bile gitsem berberi, bakkalı, işportacısı, restoran ve banka çalışanı hala 'Abi, n'aber?' diye halimi hatırımı sorar."

Sadece İstanbul'da
BOĞAZ KÜLTÜRÜ

"Boğaz'ın her iki yakasında da çok güzel restoranlar var. Beylerbeyi Doğa Balık ve Lacivert, benim için en iyilerdendir. Anadolu Yakası'nda, ikinci köprünün altında Boğaz'a dökülen Göksu Deresi de çok güzeldir. Motorla Emirgan'dan karşıya geçip hemen yürüyerek ulaşabilirsiniz. Kayıklarıyla, tekneleriyle burada hâlâ bir dere kültürü yaşatılır. Sonra, Emirgan'da Çınaraltı Kahvesi vardır. Nargile içilir, kâğıt oynanır. İlber Ortaylı gibi müdavimler, yazarlar gelir. Herkesi kucaklayan, çok içten ve sevdiğim yerlerden biridir. Maalesef pandemi sırasında kapatıldı."

İstanbul Lezzetleri
SIDIKA MEZE RESTORANI

"Beşiktaş'ta, Şair Nedim Caddesi üzerinde minicik bir dükkân. Mükemmel Rum mezeleri yapıyorlar. Çok güzel, şekersiz bir rakıları da var."

Şair Nedim Cad. No: 38, Beşiktaş
0212 259 72 32
www.sidika.com.tr
Pazar hariç her gün, 17:00 – 24:00 arası açık.

MANGERIE BEBEK

"Bebek'te bir apartmanın beşinci katında, ince uzun balkonu, harika manzarası ve küçücük salonu olan bir yer. Batılı tarzda nefis mezeleri var ama ben buraya sadece kuzu tandır için gidiyorum. Yanında sunulan kök sebzeleri ve bir kadeh kırmızı şarap ile inanılmaz bir lezzet." Mangerie, aynı zamanda hafta sonu kahvaltılarının da vazgeçilmez adreslerinden. Rezervasyonsuz giderseniz üzülebilirsiniz.

Cevdet Paşa Cad. No: 69 Kat:3, Bebek - 0212 263 51 99
www.mangeriebebek.com
Her gün 08:00 – 24:00 arası açık.

LA BOOM EMİRGAN
"Ah! La Boom bulunmaktan ayrı bir huzur duyduğum bir yer. Emirgan ve İstinye arasındaki bu kafe, bar ve restoran evime de çok yakın. Çok şık, çok resimsel ve özel bir yer. İyi ki var. Hemen yanındaki pizzacısı da aynı sıcaklıkta. Minik ama sizi Sicilya'ya götürecek kadar zevkli ve sade bir lezzet yeri. Sevgili Ayhan Sicimoğlu'nun dediği gibi: 'Hastasıyım!'"
Sakıp Sabancı Cad. No: 14/A, Emirgan, Sarıyer
0212 277 88 07
Her gün 08:00 – 02:00 arası açık.

IOKI
"İstinye'de bir Japon restoranı. Suşileri çok leziz!"
Peru ve Japon tatlarını harmanlayan Nikkei mutfağının şehirdeki en iyi temsilcisi. Türkiye'den iki girişimcinin davetiyle İstanbul'a gelen New Yorklu şef Keizo Okitasan'ın geliştirdiği, yerli damak tadına uygun ceviche, suşi, saşimi, tempura ve tepanyaki çeşitlerini öne çıkaran bir menüsü var. İstinye'nin yanı sıra Ulus ve Kandilli'de de şubeleri var.
Poligon Mah. Sarıyer Cad. 105 C, Sarıyer - 0212 323 23 13
www.ioki.com.tr

DRAGOS BALIK
"Anadolu Yakası'nda çocukluğumun geçtiği Dragos semti, hemen hemen hiç değişmedi ve kalitesini kaybetmedi. Dragos'taki bu güzel restoran hafiften balkon misali konumuyla Adalar'a ve Marmara Denizi'ne karşı ağaçlar altında güzel bir terasta balık yiyerek İstanbul'u koklayacağınız, orada olmaktan zevk duyacağınız yerlerden."
Orhantepe Mah. Orhangazi Cad. Mutlu Sok. No: 61, Kartal
0216 370 70 90
www.dragosbalik.com
Her gün 12:00 – 24:00 arası açık.

Terasta Günbatımı

BEBEK OTEL BY THE STAY
"Bebek Oteli'nin terası eskiden beri müthiş bir yerdir. El değiştirdiğinden beri henüz gitmedim ama tam bir İstanbul klasiğidir."
1950'lerden bu yana hizmet veren otel, geçirdiği köklü yenilenmenin ardından bünyesindeki restoranı, roof bar'ı ve Çin mutfağının şehirdeki

öncüsü Dragon Restaurant ile otel dışından da rezervasyon ile konuk ağırlamayı sürdürüyor.
Bebek Mah. Cevdet Paşa Cad. No:34, Beşiktaş - 0212 970 78 36
www.thestay.com.tr

Caddelerin En Güzeli
ABDİ İPEKÇİ CADDESİ

"Boylu boyunca dağılmış havalı markaların giyim dükkanları, yanında da Kare Art, C.A.M. Galeri, Doku Sanat Galerisi gibi sanat mekânlarıyla İstanbul'un güzel caddeler bölgesi. Reasürans Çarşısı ve hemen yanındaki Mim Kemal Öke Caddesi, diğer tarafta Maçka ve Teşvikiye Caddesi'ni dolduran yeme içme mekanlarında da güzel vakit geçireceğiniz, İstanbul'un hafiften sosyete yerlerinden biri. Elbette salaş yerlerin de, lüks yerlerin de güzeli güzeldir!"

Kırtasiye Alışverişi
KADIKÖY KIRTASİYELERİ

"Mesleğimle ilgili olarak Kadıköy Çarşı'da çok güzel kırtasiyeler var. Malzeme bulmak için ideal."

Kültürel Keşif
PERA MÜZESİ

2005'ten bu yana Tepebaşı'ndaki 1893 tarihli alımlı binasında geniş kapsamlı bir müze ve kültür girişimi olarak faaliyetini sürdüren Pera Müzesi, Suna ve İnan Kıraç Vakfı'na ait Oryantalist resim ve seramiklerden oluşan kalıcı bir koleksiyonun yanı sıra, dünyanın önde gelen müze, koleksiyon ve vakıflarıyla ortak sanat projeleri ve sergiler de üretiyor. Müzenin biraz ilerisinde yer alan, aynı vakfa ait İstanbul Araştırmaları Enstitüsü'nün kütüphanesi de kültürel tarih araştırmacıları için müthiş bir kaynak.
Meşrutiyet Cad. No: 65, Tepebaşı, Beyoğlu - 0212 334 99 00
www.peramuzesi.org.tr
Pazartesi hariç her gün açık.

Askeri Tarih

HİSART CANLI TARİH MÜZESİ

"Çağlayan Adliyesi yakınlarında eşi benzeri olmayan, özel bir tarih müzesi. Herkese tavsiye ederim... Sahibi Nejat Çuhadaroğlu arkadaşım. Dünyada başka tarih müzeleri de gezdim ama savaş sahnesi maketleri ve savaş kostümleriyle burası gerçekten de müthiş bir yer!"
Osmanlı ordusunda askerler, atlar ve filler için kullanılmış gerçek savaş zırhları, silahlar, madalya ve nişanlar ve tarihteki önemli savaş sahnelerini başarıyla canlandıran diaromalar dikkat çekici.
Hürriyet Mah. Cemil Bengü Cad. No: 21, Çağlayan - 0212 296 98 04
www.hisartmuseum.com
Pazartesi hariç her gün açık.

HARBİYE ASKERİ MÜZE VE KÜLTÜR SİTESİ KOMUTANLIĞI

"Harbiye'deki askeri müzenin küçük kısmında İstanbul kuşatmasının üç boyutlu dev bir maketi var. Milliyetçi bakış açısıyla değil ama profesyonel sunum olarak çok başarılı buluyorum."
Halaskargazi, Vali Konağı Cad. No: 2, Şişli - 0212 233 27 20

Gece Hayatı

BOMONTIADA

"Bomonti semtindeki eski bira fabrikası, şimdi konserler verilen iç avlusu ve kapalı restoranlarıyla, gece gittiğinizde bir yerden diğerine geçebileceğiniz güzel bir mekân."
Şehrin yıllardır en iyi caz ve dünya müziği kulübü olan Babylon ile bir Ara Güler müzesi de aynı çatı altında.
Merkez Mah. Silahşör Cad. Birahane Sok. Tarihi Bomonti Bira Fabrikası No:1, Şişli
0212 230 21 62
yapikredibomontiada.com
Her gün 10:00 – 04:00 arası açık.

JOKER NO. 19

"Beşiktaş'ın merkezindeki İş Bankası'nın yanında, genelde gençlerin ve öğrencilerin takıldığı bir yer. Dışarıdan küçük gibi görünür ama içerisi çok büyüktür. Pub sevenler için."

Beşiktaş Cad. No:19

0212 227 93 94

www.jokerno19.com

İstanbul'un Bittiği Yer

VADİSTANBUL

"Galatasaray Stadyumu'nun aşağısındaki bu alışveriş merkezinde, yan tarafta ormanı seyrederek oturup dünya mutfağından bir şeyler yemek keyifli. Hollywoodvari bir yer."

Rezidanslara ve Radisson Blu oteline ev sahipliği yapan kompleks, Vadi Açıkhava konser ve etkinlik alanıyla da bir cazibe merkezi.

Ayazağa Mah. Azerbaycan Cad. (Eski Cendere Cad.) No: 3/C, Sarıyer

0212 330 38 38

www.vadistanbul.com

Mevlevi semazen gösterisinden yakalanmış bir an.

"İstanbul meleklerle şeytanların el ele gezdikleri bir şehir. Kontrastlar ve zıtlıklar şehri. Çok güzel bir şey ile çok acı verici bir şey aynı anda var olabiliyor. Asıl büyüsü de orada."

MERCAN DEDE

Müzisyen – Neyzen – Yapımcı – DJ

Dinle, Neyden Şikâyet Etmede

Mercan Dede ile: Bursa'dan Montreal'e, Anadolu'nun tarihsel zenginliğinden ney sayesinde mistisizme açılan yolun hikayesine.

İstanbul bir insan seli ve Boğaz da onun kalbi. Her ne kadar Kanada'da yaşasam da ben hep İstanbulluyum. Aslında Bursa'da, Osmanlı'nın ilk başkentinde doğdum. Ailem orta sınıf bir Türk ailesi. Bursa kültürel olarak hiçbir şekilde gelişmeme mucizesini gösteren ender şehirlerden biridir. O bakımdan dertli bir şehir. Ama biz çocukken daha yeşildi. Ardından okumak için İstanbul'a geldim. Toplum değerlerimiz gençlik sonrası benimle pek örtüşmedi. Kanada'ya gitme sebeplerimden biri belki de buydu. Şimdi bakıyorum da, 32 yıldır İstanbul-Montreal arasındayım.

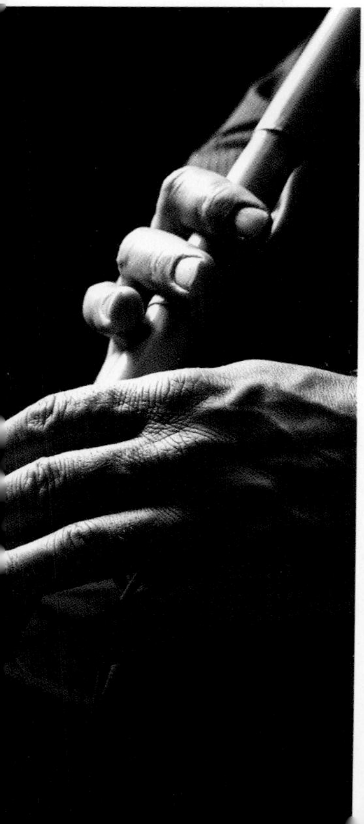

Neyin hikâyesi de öyle başlar Mesnevi'de. Ney de vatanından koparılmıştır. Bunun zorlukları var ama avantajları da var. Birincisi kendine çok daha objektif bakabiliyorsun. Bir toplum içerisinde, o toplumun değerleri içinde büyürken farkına varmak zor, biraz geri çekilmek lazım. O yüzden Kanada'da böyle bir değişim süreci geçirdim, geçiriyorum. Değerler, yargılar, hayat... Çok şanslıyım Montreal ve İstanbul gibi dünyanın en güzel iki şehrinde yaşadığım için.

Anadolu'daki tarihsel zenginlik çok etkileyici. Yaşamın beşiği burası. İlhamı buradan alıyorsun ama onu içselleştirmek için yalnız kalabilmen lazım. Her ne kadar çirkin bir kentleşme sürecinde perişan etmeye çalışsak da, ruhu hâlâ yerinde duran bir şehir İstanbul. O yüzden burada kalsan o işleri yapamazsın, gerekli mesafeyi Montreal veriyor bana. Orası kışın zaten -20 derece, kar yağıyor, çayını demliyorsun; orası da öyle güzel. Orada 100 yıllık bir evde yaşıyorum. I am the cool guy yani. Ev bana eski geliyor ama Göbeklitepe'ye gidiyorsun 11600 yıllık bir tarih var. Göbeklitepe projesinin müziklerini yapmıştım mesela, çok heyecan vericiydi. Ama işte orası yaratma yeri, burası ilham alma yeri benim için. Oranın özgür havası, o yaratıcı süreci besliyor. Özgür kelimesi de ilginç. Öz: Her insanın bir özü var. Gür: Gürlemek, baharda çiçekler... Özgürlük herkesin kendi kimliğinin var olabilmesi anlamına geliyor. İki yerin farkı burada ortaya çıkıyor. Kanada onun için uygun bir mekân, güzel bir çiçek tarlası gibi. Türkiye öyle değil çünkü çok önyargılı. Birinin ayakkabısından saçına bakıp beş saniyede her şeyini çözdüğümüzü düşündüğümüz bir ülke. Bir insanın aslında sanattan, yaşamdan kendinin ne olduğunu anlaması, kim olduğunu sorgulaması lazım.

Mesela gerçek ismim Arkın Ilıcalı ama ben beş farklı kimlikle birbirinden farklı müzikler yapıyorum. En yakın arkadaşlarımın, iş arkadaşlarımın bile bilmediği isimlerim var. Bu bana belli bir özgürlük alanı tanıyor. Bazı müzikleri hiçbir ticari kaygı taşımadan yapabiliyorum böylece. Bir de bazen insanların eseri yapan kişiyi bilmemesinin avantajları olduğunu düşünüyorum. Hiçbir önyargıları olmuyor. Arkın Allen insanların daha çok DJ olarak tanıdığı bir isim. Mercan

Dede daha dünya müziği yapıyor. Bizim tasavvuf müziğimizin harmanlanmasından ortaya çıkan bir karakter. İlk albümümü yaparken "ben müzisyen değilim, albüm çıkaramam" diye utanıyordum. O sırada bir arkadaşım İhsan Oktay Anar'ın Kitab-ül Hiyel'ini yolladı. Kitaptaki Havai Mercan Dede karakterinden etkilenerek "ben de yaşlanırsam böyle garip bir adam olurum" diye düşünüp Mercan Dede ismini koyduk, sonra da hep öyle anıldım. Yani tasavvufi anlamda dedelikle bağlantılı değildi. Cem Mansur'un yönettiği ilk konserim de ilginçti. İnsanlar tabii hem isimden hem de ney çalanlar genelde daha yaşını almıştır diye düşündükleri için sahneye neyzen yerine benim gibi saçı başı yamuk biri çıkınca hayal kırıklığı yaşadılar! Bunlar hep bir yapbozun parçaları.

Küçüklüğümden beri ney sesi beni etkilemiştir. İstanbul'a geldiğimde bir binanın içinde bir ney sesi duydum ve ne olduğunu öğrenmek istedim. Ama param pulum olmadığından hemen ney almam zordu. Bir dükkânın vitrininde gördüm ama içeri giremedim bile. Yerde bir gazete kâğıdı vardı. O gazete kâğıdını göz kararı kestim ve üstüne delikler işaretledim. Sonra bir hırdavatçıya gidip "Bana bu boyda bir plastik keser misiniz?" dedim. Eve gidince plastiğe bıçakla yamuk yumuk delikler açıp ney yaptım. Mesnevi'de "dinle neyden, şikâyet etmede" dizesi vardır. Ben Mevlâna'yı da neyle öğrendim. Neyin hayatımda beni hep peşinden sürüklemesi gibi sembolik bir manası da var. İstanbul Üniversitesi Basın Yayın'da gazetecilik okuyordum aslında. Tabii o zaman 1980 dönemi... Ortam pek rahat değil. Ney üflüyorsan sağcısın, gitar çalıyorsan solcusun gibi kalıplar vardı. Yine de ney üfleyip, bendir çalmak için bir araya gelinen yerler oluyordu. Bir yandan gazetecilik, fotoğraf öğrenip diğer yandan da haftada bir ve geceleri utana sıkıla insanların ney üflemek için buluştuğu Türkiyat Enstitüsü'ne gitmeye başladım. Çok değerli insanlar gelirdi. Nezih Uzel onlardan biriydi. Onun Bağlarbaşı'ndaki evinde toplanılır, yemekler yapılırdı. Neyin beni sürüklemesi ve bütün yolculuk o şekilde başladı.

O dönem ilginç bir fotoğraf projesi yapmak istiyordum. Osmanlı döneminin son ustaları yavaş yavaş azalıyordu. İnanılmaz insanlardı, çok önemli şeyleri temsil ediyorlardı fakat o zamanlar kimse fazla önem vermiyordu. Bu sanatçılardan biri ebru sanatının o dönem yaşayan en önemli temsilcilerinden Mustafa Düzgünman'dı; hafif ciddi, biraz asabi bir insandı. Üsküdar'da küçük bir aktarı vardı, biz de arada dükkânından ıhlamur alırdık. Ebru sanatıyla ilgili yazılı kaynak azdı. Ben de Mustafa Hoca'nın fotoğraflarını çekmek istiyorum dedim. Üsküdar'da bir apartmanda otururdu, apartmanın adı da Ebru'ydu. Bodrum katında da ebru teknesi dururdu. O gün o fotoğrafları çekerken o sanat dalından ne kadar etkilendiğimi fark ettim. Türk kültürü derin bir kültür, tıpkı müziğin tüm platformları gibi. Nasıl ney sadece üflemek değilse, ebrunun da yalnızca kâğıdı renklendirmek olmadığını, arkasında Mevlâna'nın, muazzam bir tasavvufi öğretinin olduğunu anladım. Bizim geleneksel sanatlarımızın hepsi öyle. Dışarıda sanat, içeride insan yaratıyorsun. İnsan yaratmak daha zor.

Ebruya olan ilgim sayesinde 1988'de Kanada'daki bir üniversite tarafından bir fotoğraf sergisine davet edildim. İki haftalığına oraya gittim. Sonra hayat ilginç bir şekilde gelişti ve oradaki üniversite benim fotoğraf ve ebru bilgim ile ilgilendi. "Sana baskı bölümünde burs versek gelir misin?" dediler. Hemen kabul ettim. Kanada serüveni de o şekilde başladı. Saskatchewan Üniversitesi baskı bölümünü bitirdim. Montreal'deki Concordia Üniversitesi'nde baskı, resim ve fotoğraf olmak üzere üç anadal bitirdim. Ardından aynı yerde iki yıl öğretim üyesi olarak çalıştım. Bir yandan DJ'lik de yapıyordum. İlk albümümü o sırada yayımladım. Bu kadar önemli bir üniversitede öğretim üyeliği beni çok heyecanlandırıyordu ama iki yılın ardından sanatın sabah 09:00-10:00, öğleden sonra 16:00-17:00 arası "haydi sanat yapalım" demekle yapılmayacağını anladım. Daha çok bizim doğudaki gibi ustadan çırağa öğrenme sürecinin hayati olduğunu fark edince öğretim üyeliğinden ayrılıp Mercan Dede'nin peşinde 15 yıl yoğun olarak dünyayı dolaştık.

1995'teki "Sufi Dreams" çok mütevazı bir albüm olmasına, deneyselliğine rağmen Akbank Caz Festivali'nden beğenip beni konser için davet ettiler ama kim olduğumu hiç bilmiyorlardı. Konser birden fazla önyargıyı kırdı. Konu sadece benim tipimle akıllardaki neyzenliğin oturmaması değildi. Benim müziğimin içinde elektronik müzik kadar tasavvuf da var. Semazenlik o yüzden hep ilgimi çekmişti, Tophane-i Amire'deki ilk konserde de semazen olmasını çok istiyordum. Ama kadın bir semazen olması gerektiğini düşünüyordum çünkü hiç yoktu. O konsere kadın semazenimizle çıktık gerçekten. Bazıları bu karardan, benim DJ'liğimden gelen elektronik müzikle neyin buluşmasından hoşlanmadı. Ney kutsal bir saz, sen nasıl onu böyle kullanırsın diye itirazlar geldi. Ben de "siz yaratanın olmadığı bir yer gösterin, ben de orada çalmayayım" dedim. Bu kontrastlar, Türkiye'de belli kalıp düşünceler üzerine konuşma zemini oluşturdu. Zaten sanatın işlevlerinden birinin de tartışma platformu yaratmak olduğunu düşünüyorum ben. Kendimi müzik yapmakla kısıtlamayıp yıkılması gereken tabular üzerine yürümem gerektiğine de karşıtlıklar böyle bir araya gelince inandım. Hele de Mevlâna'dan bahsediyorsak, bu kaçınılmaz. Onun özü etiketlerden kurtulmak.

Hayatımda ney sayesinde mistisizme ilginç bir yol açıldı. O zaman biri çıkıp 2007 yılında dünyada Mevlâna yılı ilan edilecek dese şaka gibi gelirdi. Mevlâna kendi türü içerisinde en çok okunan, çevrilen kitapların başında geliyor artık. Çok evrensel, okuyunca onu hissediyorsun. Birçok insanda çok güçlü bir etkisi var. Sen Türkiye'desin mesela, 18-19 yaşlarındasın... Bir kavga patırtı oluyor, Mevlâna'ya bakıyorsun, onun 800 yüzyıl evvel söylediği şeylerin, senin zamanının çok ilerisinde olduğunu görüyorsun. Hoşgörüsü, insanları olduğu gibi kabul edebilmesi, dışarıdaki her şeyin içeridekinin yansıması olduğunu, kuantum fiziği lafının doğru olduğunu gösteriyor bize. Mevlâna'nın öğretileri zamanla mekanla sınırlı değil. Sorular ve cevaplar içeride. Dışarıda bir şey yok. Bize öğretilen her şey dışarıyla ilgili: yarışlar, okulu bitir, üniversiteyi bitir kaygıları... Bu onun tam tersi. Her birimiz başlı başına bir dünyayız. Parmak izlerimiz gibi. Meditasyon güzel bir günbatımında bir parkta değil de, esas kornalar çalarken, toz toprak içerisinde kendin olabilme sürecidir. İnsan olma potansiyeliyle doğuyoruz ama bunun için çalışmamız ve hak etmemiz lazım.

Benim yaptığım her şey bu okul dediğim şeyin yansımaları. Bütün albümlerim evde kaydedildi. Sevdiğimiz dostlarla sohbet ederiz mesela, Ceza bir kâğıt alıp bir şey yazmaya başlar, oradan bir rap çıkar. Tasavvufi müzik yapmak değil konu, tasavvufa olan ilginin müziğe yansıması. 2000-2010 arası yaklaşık dört milyon kilometre dolaştık. Senede on ay dünyanın her yerinde konserler verdik, film müzikleri yapmaya başladım ve kendi albümlerim çıkmaya başladı. Son yedi sekiz yıldır da müzik ve görsel sanatlar buluşmaya başladı. Kanadalı arkadaşlarla kurduğumuz kâr amacı gütmeyen plak şirketimiz Halaken Records'la tekliler ve videolar üretmeye çalışıyoruz. "Kapadokya" diye benim uçan balondan yarattığım bir DJ set ile başladık. Şimdi Pink Floyd'un remix'i var önümüzde. Tipik müzik videoları yerine bu yaşadığımız dünyanın güzelliklerini gösteren, politik sorunlarını anlatan ve müzikle birleştiren bir set üretiyoruz. Ana teması farkındalık yaratmak. Zaten sokaktaki küçük çocuğun başını okşamak kadar küçük bir güzellik yapamıyorsan dünyanın en iyi DJ'i olsan, en iyi ressamı olsan kimin umurunda. Esas ev ödevi yaşama bakmak, her gün kendi değerlerimize göre iyi insan olma yolunda küçük de olsa bir adım atmak.

Gitgide hızlanan bir dünyada yaşıyoruz. Hepimizin hayatında stres var. Telefonlarımızı, bilgisayarımızı yanımızda taşıyoruz. Nefes alacak zaman yok. Yaşadığımız hayat, kafamızı, aklımızı, zihnimizi besliyor ama tüm bu kavramlar aynı zamanda egoya bağlı kavramlar. Akıl arabasının şoförü nefstir derler. Orada dengeyi sağlamak için bir taraftan aklımızı beslerken, diğer taraftan ruhumuzu beslememiz lazım. Ruhun beslendiği esas alan çok uzak kaldığımız ve bizi biz yapan, varlığımızın DNA'sında olan doğa. Stresle başa çıkmak için herkesin kendi yöntemleri var. Benim yöntemlerimden biri her gün yolda ya da uçakta bile olsan gözünü kapatıp bilgisayarı şöyle bir reset'lemek, sonra bulutlara, bir çiçeğe bakmak ve kendin olabilmek. Nasıl bilgisayara çok yüklendiğimizde dosyaları açamaz ama sistemi kapatıp açtığınızda rahatlamış olur... İşte o kapatma sürecinin adı bende meditasyon. Ego sadece geçmişte ve gelecekte var olan bir şey. Şu anda ego yok. Kendi kendimize kaldığımız zaman kafamızda sürekli konuşan maymunlar var.

Ne söylediklerine dikkat kesilin: Ya geçmiş ya gelecekle ilgili şeyler söylerler. Bu anda kalma konusunu biraz daha öğrenmemiz lazım.

Woodstock'ta sevdiğimiz bir Budist tapınak vardı. Ingrid adlı değerli bir sanatçı vardı orada. Şu an 90 yaşlarında Budist bir rahibe. Onunla bu konuda sohbet ediyorduk. Gözlerini kapatıyorsun ve dikkatini bir kelimeye veriyorsun "omm..." Sonra o, "omm ev kiramı ödemedim..." oluyor. Tekrar başa dönüyorsun "omm, acaba sesim iyi mi?" Sonra tekrar dönüyorsun. Hiçbir şekilde kızmak yok, içeriden gelen ses bunun bir parçası. Bunları tekrar ettikçe daha da öğrenmeye başlıyorsun. Bebek adımları. Bir anda koşmaya başlamıyorsun yani. O yüzden hayatın içerisinde her gün gözetilecek basit prensipler var: "Eğer söyleyeceğin şey sessizlikten daha güzel değilse söyleme." "Bir şey söylemeden evvel düşün. Doğru mu, gerekli mi, nazik mi?" Bu yemek siparişi verirken de düşünebileceğimiz bir şey. Böylece bir zamanlar kavram olan şeyleri, bir süre sonra parçamız haline dönüştürüyoruz. O yüzden bireyselliğe önem veren bir insanım. Toplumlar genellikle bireysellikten korkarlar. Herkes bir örnek olsun isteriz. Birinin saçı farklıysa korkarız, cinsel yöneliminden ürkeriz. Ben onun tam tersi bir yerde duruyorum. O yüzden herkesin meditasyon yöntemi ne ise her gün yapmak lazım. Müzik veya kahve bile olabilir... Bir kez yapmaya başladığında stres dediğin şeyin çok büyük bir kısmının incir

çekirdeğini dolduramayacak küçüklükte şeyler olduğunu görüyorsun. Hele de bir de genel olarak, dünyada neler olup bittiğini gördüğünde şöyle gidip iki saat Suriyeli göçmen çocuklarla vakit geçirdiğinde veya bir hastanenin acil koridorunda on dakika durduğunda perspektifin değişmeye başlıyor. O perspektifi hatırlamak önemli.

İçinde yaşadığımız bu şizofrenik, bölünmüş bir dünyada iş hayatı ayrı, özel hayatı ayrı biri olmadığım için de şanslıyım. İkisini birbirini besleyen bir bütün olarak görüyorum. Depresyon dediğimiz mutsuzluğun çoğu içimizdeki bu bölünmüşlük duygusundan kaynaklanıyor bence. Ressam olan insan bankacı oluyor. Doktor olmak isteyen insan muhasebeci oluyor. Bu anlamda kendimi şanslı hissettiğim bir alandayım. Sanatın bir ayna işlevi var, insanları kendileriyle baş başa bırakıyorsun ve orada kendilerinden bir şeyler görüyorlar. Benim sanatımda insanlar kendilerinden bir şey buluyorsa ne mutlu bana. Resimlerim başlıksızdır mesela. Bir günbatımı resmiyse altında "İstanbul'da günbatımı" yazmaz. İstediğim insanları yönlendirmek değil, resimle, sanatla, müzikle baş başa bırakmak. Sanatçının aradan çekilmesi ve oradaki hikâyenin ortaya çıkması gerekiyor. Burning Man'in en ilginç hikâyelerinden biri, hiçbir sanat eserinde imza olmaması. Çölün ortasına gidip muazzam eserler görüyorsun ama sadece seninle eser arasında bir ilişki var ve sanatçı yok. Marka olmaksızın sanat ese-

Süleymaniye Camii'nin bahçesinden Haliç'e ve Pera'ya bakış.

ri yaratıp insanlarla buluşturma fikri, sürekli markalar üzerinden bir şeyler satmaya çalıştığımız şu anki popüler kültür içinde çok önemli.

Instagram neredeyse kullandığım tek sosyal medya aracı. Her gün bir Instagram post'u koyarım. Her şey telefonla çekilip edit ediliyor ve 20 dakikada paylaşılıyor. Tamamen benim hayatımda yaşadığım şeyleri anlatıyor. Mesela bugün Dünya Hayvanlar Günü. Çok ilginç, aslında tarihi 1920'lere uzanan bir gün ama zaman içinde Dünya Hayvanları Koruma Günü'ne dönüşmüş. Bunun üzerine bir gönderi paylaşıyorum mesela. Birisine yönelik özel bir mesaj değil ama hayatımın samimi yansımaları. Onun dışında kişisel, ruhsal gelişim alanlarından uzak duruyorum. Birilerinin başkalarına bir şeyler öğretmesi konusunda derdi olan bir insanım. Dediğim gibi, bütün yolculuğun içeride olduğuna inanıyorum. Ben kendimi bu yolculuğun başında gören biri olarak önce kendi ödevlerimi yapmalıyım. Hocalık bir yana, öğrencilikte düşe kalka ilerleyen biriyim ve öğrenci olmaktan çok mutluyum.

Journey is the destination. Varılacak yer yolculuğun kendisidir. Ben şu olacağım dediğin an, olamayacağını kesinleştirdin. Çünkü olma hali bitmiş bir hal değil, olma hali bir süreç. Arkasında güneş olan insanın gölgesine basmaya çalışması gibi. Sen bastıkça o da gider. Bütün soruların cevaplarının içinde olduğuna inanıyorsan, kendin olma sürecinde durmaksızın ilerlemek gerekiyor. Bu, bu hayatta tükenip bitecek bir şey değil, sonsuz sayıda hayatta devam edebilir. Şu oldum, bu oldum değil, inandığın hayatı yaşamak için mücadele vermek önemli olan. Orada da samimi ve dürüst bir insan olmaya çalışmak.

Bir bilinç halini yaratabilmek en önemli konulardan biri. Zenginle fakir bir olana kadar kendimi fakir hissediyorum. Kadın ve erkek bir olana kadar kadın hissediyorum, Kürt ve Türk bir olana kadar Kürt hissediyorum. Kimliklerimizi giydiğimiz alanın ezilen, dışarıda nefes alamayan altkültürlerle eşitlenmesi gerekiyor, toplumda bir yere gelmiş, boy gösteren insanlarla değil. İstanbul gibi çok farklı altkültürlerin bir arada var olduğu bir şehir çok ilginç. Çok yıldızlı hikâyelerde zaten bir yığın spot var. Bizim ışık tutmamız gerekenler konuşulmayanlar. Albümlerimin her biri bir olaya adanmıştır. İlk albümüm "Sufi

Dreams" Kanada'da bir köprü altında bir kış günü donmuş halde bulunan bir evsize atfedildi. İkinci albümde İsrailliler tarafından doğum yapmak üzereyken öldürülen Filistinli kadının ve onun mucizevi olarak dünyaya gelip Hiba adını alan kız çocuğunun hikâyesiydi. Benim idollerim sokaklardaki insanlar. Karton toplayan insanlar, adını sanını bilmediğimiz, uzak durup korktuğumuz, inanılmaz zor şartlarda yaşayan insanlar. Onları yok gibi görüyoruz. İdollerden konuşulacaksa onlardan bahsetmemiz lazım. Esas hikâyeler bunlar zaten.

Popüler kültürde insanlar hep özel hayat üzerinden bir yere gitmeye çalışıyorlar. Örneğin uzun zamandır hayvan haklarını savunuyorum ve vejetaryenim ama kendi vejetaryenliğimi değil hayvan haklarını konuşuyorum. Kurban bayramında hayvan kesmeyelim ya da 7 milyar hayvanı öldürmeyelim dediğinde vejetaryensen hemen "E tabii öyle diyecek" diyorlar. Filistinlileri savunduğunda İslami kimliğin ortaya çıkarsa "tabii ki savunacak, çünkü Müslüman" dedikleri gibi. Ama bu altkimlik olmadığında sadece insan olma haliyle, evrensel bir boyuttan konuşuyoruz. Ben, özel hayat, din ve para konularının ortalıkta konuşulmaması gereken konular olduğunu düşünüyorum. İnsanlar bir sanatçının altkimlikleri ile daha fazla ilgileniyorlar, halbuki sanatçının anlatmaya çalıştığı başka bir şey var. O konu hep bir şekilde ikinci plana düşüyor. O yüzden bu detaylara girmemişsen, o insanı tanımanın tek yolu sanatına yoğunlaşmak.

Bunun için sanatçılar olarak da nasıl buluşabiliriz, farklı etiketleri bir kenara atıp müzik dilinde neler yaratabiliriz diye düşünmek, gelecek dinleyiciyi de şaşırtmak, emprovize müzikle heyecanlandırmak gerekiyor. Albüm artık satan bir şey değil. Kimse gidip müzik satın almıyor. O yüzden plak şirketleri kapandı. Ya çok ticari işler yapacaksınız ki o benim dahil olmak istediğim bir alan değil ya da arkanıza zaten hayat görüşünüze uymayan sponsorlar alacaksınız. Secret Tribe grubumla Borusan'da bunun tersini yapmaya çalışıyoruz. Olağanüstü güzellikte insanlar var Borusan'da. Sanata müthiş önem veren, destekleyen, para kazanmak için değil sanatı teşvik etmek için para yatıran bir kültür sanat platformu. Borusan Müzik Evi'nde her sene açılış veya kapanışında konser veriyorum ve her sene değişik müzisyenler davet ediyorum. Hiçbir sınır yok. Biz de şimdiye kadar Ceza'yı, Hayko Cepkin'i, Borusan Kuartet'i, Mabel Matiz'i davet ettik. Ana fikirlerden biri farklı disiplinleri bir araya getirebilmek.

Yine yapboz ve hikâyelerin bir araya gelmesi meselesi kısacası. Benim dövmelerim de öyledir. Çok sevdiğim AZL diye Kanadalı bir dövme sanatçısı, benim yaptığım işlere baktı, zaten onun tarzı da bu. Tek renk sadece ama farklı sembolizmler var, farklı ses aralıkları var, aslında anlattığı bir alt hikâye var, o hikâyeler de hayatımda bir şeyi temsil ediyor. Hayatımın önemli bir noktasında 30 yaşında yaptırdığım dövmeler var. Mandalalardan ilham aldığım dövmeler yaptırdım. Burning Man'e ilk gittiğimde hayatımın önemli bir dönüm noktasıydı, o dönüm noktası da dövme oldu. Benim önemli bir parçam oldular, çok seviyorum. Konu süsleme sanatı değil, her birinin anlattığı bir hikâyeler ve bir araya geldiklerinde oluşturdukları, çizdikleri yollar.

Galata Kulesi üzerinden Tarihi Yarımada manzarası.

İlk 3

İSTANBUL FAVORİM

1

Kapalı Çarşı

"Dünyadaki en büyük kapalı çarşılardan biri. Adeta şehrin içinde ayrı bir şehre giriyorsun: Kuyumcular kısmı başka, Mercan Yokuşu kısmı başka. İlginç bir şey! Günümüzde dünyaya yayılan AVM kültürünün eski çağlardaki hali. O ruhu mutlaka hissetmek lazım. Kapalıçarşı'dan çıkınca Beyazıt Meydanı'nda Sahaflar Çarşısı vardır. Çınaraltı, o kitaplar... Bir yabancıya belki pek bir şey ifade etmez ama o dev çınar ağacı, kitapların kokusu ve Beyazıt Camii'nin avlusu bu şehri şehir kılan şeyler."

2

Süleymaniye Camii ve Külliyesi

"Süleymaniye Camii çevresi, tarihte çok önemli bir yer. Fakat bölgenin ibadet dışında başka işlevleri de var. Örneğin caminin yanı başındaki medresenin içinde yer alan Süleymaniye Yazma Eser Kütüphanesi, çok önemli el yazmalarına ve dünyanın belki en değerli ebru koleksiyonuna sahip. Kütüphaneye gidince rutubetli bir odaya girersin. Seni severlerse aradığın dosyayı getirirler. Mustafa Düzgünman ve Niyazi Sayın gibi ebru sanatının önemli üstatlarından eserler de buradadır. Süleymaniye Camii'nin karşı köşesinde ise çok mütevazı ama nefis kuru fasulye pilav yapan Kurucu Ali Baba Kanaat Lokantası vardır. Osmanlı döneminde Süleymaniye'de günde yirmi bin kişi yemek yermiş."

3

Kız Kulesi

"Herhangi bir zaman diliminde Boğaz'ın girişindeki Kızkulesi'ne gidip suyun kenarında durup 360 derece İstanbul'u seyretmek lazım. Şehir orada sana başka bir şey anlatıyor. Asya ile Avrupa'nın arasında duruyorsun ve etrafından sular akıyor. Müthiş."

Salacak Sahili açıklarında bir kayalığın üzerine kondurulmuş bu tarihi yapı, vaktiyle fener, gümrük binası, karantina adası gibi farklı işlevler üstlenmiş. Şimdilerde ise restoran ve özel etkinlik mekânı olarak kullanılıyor. Fonda tarihi yarımada, önde ise Kız Kulesi'nin siluetiyle İstanbul'un en güzel günbatımlarından biri burada.

Salacak Mevkii, Üsküdar
0 216 342 47 47
www.kizkulesi.com.tr

Mercan Dede'nin İstanbul'u

"İstanbul hem insanlık tarihinin beşiği, hem modern bir şehir. Geçmiş ile geleceğin, Doğu ile Batı'nın buluştuğu nokta."

Sanatçının İlham Perisi

İSTANBUL

"Eski Türk filmi repliği vardır ya 'Vücuduma sahip olabilirsin ama ruhuma asla' diye, onun gibi bir yer İstanbul. Ruhunu bulabilmek için biraz underground'a, yerin altına girmek lazım. Sıradan, çirkin bir binanın içinden girersin, olağanüstü bir limonlu bahçeye çıkarsın burada. Taksim'den Beyoğlu'na yürüyüp iki albüm üç film çıkaramıyorsan bırak o işi. Ama elbette o ilhamın içtenleşmesi, bir sanat eserine dönüşmesi çok önemli. 'Seni uzaktan sevmek, aşkların en güzeli' diyor ya şarkıda, İstanbul'a gelince o ilhamı öyle alıyorsun, sonra uzaklaşıp yorumluyorsun İstanbul'u."

Bir İstanbul Var

İSTANBUL'DAN İÇERİ

"Bazı şehirlerin kabuğunun bir üstü, bir de altı vardır. Kabuğun altına girdiğinizde bambaşka bir dünya karşınıza çıkar. İstanbul da bunlardan bir tanesi. Dışında, yirmi milyon insanın kaos içinde koşturduğu bir İstanbul var; bir de onun altında gizemli bir İstanbul var. İstanbul'u ziyaret edeceklere tavsiyem şu: Gelmeden önce hangi İstanbul'u görmeye niyetlenirlerse İstanbul onları öyle kucaklayacaktır. Bir otel lobisine alakasız bir şey sormaya girersin, o seni hiç tahmin etmediğin bambaşka bir yere gönderir. Simitçiye bir şey sorarsın, oradan başka bir yere dalarsın. İşte bana heyecan veren de daha çok o görünmeyen İstanbul."

Benim Mahallem

BOĞAZİÇİ

"Evim Avrupa yakasında ve camdan Asya'yı görüyorum. Boğaz, rengiyle, dokusuyla, akışıyla her gün değişiyor, ben de o değişimi evimden takip edebiliyorum..."

Tarihin İzinde

AYASOFYA

"Ayasofya çok büyüleyici. İçeri girip kafanı kaldırdığın zaman o kadar çok şey anlatıyor ki! Bir tarafta Hz. İsa var, bir tarafta dünyanın en büyük hatları var. Onun önünde, insan olarak neredeyiz diye bir durmak lazım. Yerli, yabancı turist önemli değil. Bu bir insanlık yolculuğu."

GALATA KULESİ

"Galata Kulesi var, ta Cenevizliler'den. Nasıl muazzam bir şeydir… İstanbul bitmez!" Bizans döneminde tarihi yarımadanın karşı kıyısındaki bu İtalyan kolonisinin surlarla çevrili olduğu biliniyor. İstanbul'un fethinden sonra da ayrıcalıklarını Osmanlı döneminde koruyan ve Batılı tüccarların ve bankerlerin şehirdeki merkezi haline gelen Galata sokaklarında bugün bile hâlâ İtalyan havası hissediliyor.

İstanbul Lezzetleri

HACI ABDULLAH

Eski Ahilik geleneğinin bir uzantısı olarak, Karaköy Rıhtımı'nda 1888'de açılan Abdullah Efendi adlı ilk şubeden sonra hep ustadan çırağa devredilerek bugünlere gelmiş, gerçek bir Osmanlı müessesesi. Büyükannelerimizden hatırladığımız lezzetleri koruyan sayılı asırlık İstanbul lokantalarından.

Hüseyinağa, Atıf Yılmaz Cad.
No: 9/A Ağa Camii Yanı, Beyoğlu
0212 293 85 61
www.haciabdullah.com.tr
Her gün, 16:00 -21:00 arası açık.

HELVETIA

"Helvetia harika bir yer. Tünel'de ev yemekleri yapan bu lokantayı çok değerli iki hanım işletir." İstiklal Caddesi'nin sonundaki Tünel meydanına açılan ara sokaklardan birinde yıllardır işletilen, kantin atmosferindeki bu samimi lokantada günde 15-20 çeşit tencere ve fırın yemeği ile taze zeytinyağlılar sunuluyor. Vejetaryenleri de memnun edecek bolca seçenek mevcut. Fiyatları da el yakmayan cinsten. Mekânın adı, yüzyıl başlarında bu dükkânda işletilen bir İsviçre birahanesinden geliyor.

Asmalı Mescit Mah., General Yazgan Sok. No: 8, Beyoğlu
0212 245 87 80
Pazar hariç her gün, 12:00 -21:30 arası açık.

Kahve Molası

KAFE ARA

"Birkaç yıl öncesine kadar Kafe Ara'ya gidip orada Ara Güler'e rastlamak mümkündü. Fotoğraf tarihinin dünya çapında ünlü bir efsanesi, yaşayan kültür hazinesi, bir altkültürün temsilcisi ve son derece kendine has, doğrudan konuşan, hafif 'huysuz' bir adam. Bundan daha güzel ne olabilir. Fellini filmlerinden çıkıp karşına gelebilecek bir karakter. Mekânda hocanın hatırası hâlâ hissediliyor."

Tomtom Mah. Tosbağa Sok No: 2, Galatasaray, Beyoğlu
0212 245 41 05
Her gün, 10:00 - 23:30 arası açık.

Kültürel Keşifler

GALATA MEVLEVİHANESİ MÜZESİ

"Galata Mevlevihanesi çok büyüleyici bir yer. Arkasında bir mezarlık var; adı Suskunlar. Oraya bir girmek lazım. Çok değerli insanlar var. Tünel Meydanı'ndan az sonra kapısından içeri girersiniz, girer girmez gürültü durur. 'Benim mekânım' diyebileceğim özel yerlerden."

İstanbul'un ilk mevlevihanesi 1491'de kurulmuş ve tarihte Kulekapısı Mevlevihanesi, Galipdede Tekkesi isimleriyle anılmış. Semahane binasında çeşitli müzik aletleri ve hat levhaları sergileniyor ve zaman zaman sema gösterilerine de sahne oluyor.

Galip Dede Cad. No:15, Tünel, Beyoğlu - 0212 245 41 41
Pazartesi hariç her gün, kışın 09:00 – 17:00, yazın 10:00 – 17:00 arası açık.

OPUS 3A

"Cihangir'deki bu plakçı dükkanını çok sevdiğimiz arkadaşlarımız işletiyor. Kimsenin müzikle ilgili bir şey almadığı bu zamanlarda diretip güzel, kaliteli, derinliği olan şeyler sunuyorlar."

Özellikle klasik, caz ve ülke müzikleri alanlarında olup bitenleri, yeni çıkan plak ve CD'leri takip etmek için ideal. Online satışları da mevcut.

Pürtelaş Hasan Efendi Mah. Cihangir Cad. No: 3a, Beyoğlu
0212 251 84 05
www.opus3a.com
Her gün, 11:00 – 19:00 arası açık.

BORUSAN CONTEMPORARY
"Rumeli Hisarı'nda Boğaz kıyısındaki Perili Köşk, ben üniversitedeyken dışarıdan bakıldığında yıkık dökük görünen, muazzam bir şatoydu. 'Bunun içinde sahiden peri var' derdin yani... Bu bina artık harika bir çağdaş sanat müzesi haline geldi. Hafta içi Borusan'ın ofisi olarak kullanılıyor, hafta sonlarında müzeye dönüşüyor. Ücreti de çok sembolik. En üst katındaki açık teras alanına çıktığınızda ikinci köprü tam yanınızdan geçer."
İstanbul'da klasik müzik ve görsel sanatların önde gelen destekçilerinden olan Borusan Holding'in Perili Köşk'te sergilenen çağdaş sanat koleksiyonu, dijital tekniklerle üretilmiş video, yerleştirme, yeni medya, neon-LED, fotoğraf ağırlıklı 800 eserden oluşuyor.
Baltalimanı Hisar Cad. Perili Köşk No:5, Rumelihisarı, Sarıyer
0212 393 52 00
www.borusancontemporary.com

Yerli Tasarımcılar
ARZU KAPROL
"Benim için megastore'lar değil, emekle yapılan tasarımlar önemli. Arzu Kaprol'ün tasarladığı tüm elbiselere eli değmiştir.

Eli, enerjisi onu diğerlerinden ayırıyor. Makinalara yaptırılan şeyler değil, tek tek konulan imzalar önemli. O nedenle üzerimde hiç mainstream marka yoktur. Bu şekilde yaratıcı şeyler

yaparak farklı yerde durmaya çalıştığına inandığım kişilerden giyinirim."
Harbiye Mah. Teşvikiye Cad. No:19 Sadun Apt. K:4 D:10, Nişantaşı, Şişli - 0212 236 89 65
www.arzukaprol.com

7A STORES JUNUS COBAN
"Yunus'un hikâyesi de çok ilginçtir. Anadolu insanıdır. Markasını kendisi yaratmıştır. Dükkânlarından biri Galatasaray Lisesi'nden aşağı inerken soldadır. Hem çok çağdaş, hem de kalbi olan, çok değerli bir marka. Hep uğrarım, çünkü yaptıkları birer sanat eseri. Markası da her gün yükseliyor." Markanın kadın ve erkek koleksiyonlarının yanında, takı ve aksesuar tasarımları da mevcut.
Kuloğlu Mah. Yeni Çarşı Cad. No:7, Beyoğlu - 0212 249 96 78
7a-stores.com
Her gün 11:00 – 22:00 arası açık.

MOR
"Galatasaray'da bir takı tasarımcısı. Her yaptığı şey tek parçadır ve fiyatları da çok makuldür."
Tasarımcı Nurettin Ayan ve Zeynep Güven'in Galatasaray Lisesi yakınlarındaki atölye mağazasında, yarı değerli taşlar ve kristaller ile bronzun bir arada kullanıldığı, antik veya zamansız hissi uyandıran sıra dışı parçalar bulabilirsiniz.
Kuloğlu Mah. Turnacıbaşı Cad. No: 11a, Beyoğlu
0212 292 88 17

Hafta Sonu Gezintisi

KADIKÖY
"Bisiklete binmeyi seviyorum, Kadıköy sahilinde de çok güzel bir bisiklet yolu var. Bostancı'ya doğru kilometrelerce uzanıyor. Kadıköy'ün dokusunu anlamak için, bu sahilde Moda Parkı, Kalamış Parkı, Caddebostan gibi noktalarda güzel bir günbatımı yakalanabilir. 16:00 gibi pedal basmaya başlayıp 19:00 gibi gün batarken, suyun üzerinden dönerek geleceksin, Haydarpaşa'dan vapuruna bineceksin, kameran elinde olacak, martılarla birlikte Karaköy'e döneceksin!"

Anadolu Yakası'nda köy sakinliğinde bir mahalle: Kuzguncuk.

"İstanbul'u bir kadına benzetiyorum ben. Hayat, yaşam, canlılık dolu... Hatta bir anne gibi. İnanılmaz hoyrat davrandığımız halde bizi kucaklamaya devam eden; genç, güzel, mağrur ve sevgi dolu bir anne. Sonsuz bir sevgiye sahip olması lazım bu şehrin..."

SANEM OKTAR

Girişimci – Kurumsal İletişim Uzmanı

Hayat Bir Irmak

Sanem Oktar ile: Beşiktaş Kültür Merkezi'nin temellerinin atıldığı tutkulu günlerden Türkiye'de kadın girişimci olmaya, Kuzguncuk'tan Kuala Lumpur'a.

İzmirliyim ama annem, babam İstanbullu. Anneannem, dedem İstanbullu. Baba tarafım Selanik göçmeni. Dolayısıyla İstanbul hep gidip geldiğim ve hikâyelerini dinlediğim bir yer oldu. Her tatilde anneannemi ziyarete gelirdik, annemden duyduğum birçok hikâye de İstanbul odaklıydı. Liseyi bitirince Marmara Üniversitesi Uluslararası İlişkiler bölümünü kazanıp İstanbul'a geldim. Hayat İstanbul'da daha hızlı, karışık ama daha eğlenceliydi. Okuldan sonra iş hayatıma burada başladım, burada evlendim, çocuklarımı büyüttüm ve hâlâ İstanbul'dayım.

Babam da bir girişimciydi. Ama bu yolculukta bazı başarısız adımlar attı ve ben 13 yaşındayken iflas etti. Annem biz doğduktan sonra işi bırakmış bir ev hanımıydı. O yüzden çocuklarım okuyup kendi ayakları üzerinde dursun diye çok çaba harcadı. Hele de bir kız çocuğu olarak kendi ayakları üzerinde dur mesajını fazlaca almış bir genç kızdım. Annem, babam çocuklarının sözüne önem veren kişilerdi. Bir erkek kardeşim var. Bize olabildiğince eşit davranmaya çalıştılar ama yine de kadın ve erkek rolleri aslında tanımlanmıştı. Evdeki bulaşığı ben yıkıyor, suyu ben getiriyordum. Neredeyse tüm kadınlar yaşıyor bunu. On farklı işi aynı anda yapıyoruz, becerikliyiz, dirayetliyiz ve hayata hâlâ pozitif bakabiliyoruz. Annem hayattaki duruşu, zor koşullarda aileyi bir arada tutabilmesiyle, metanetiyle rol modelimdi. Daha sonra 17-18 yaşlarımda Simone de Beauvoir ile tanışınca aile dışından da bir modelim oldu. Beni hümanizm yolculuğuna sokan düşünürlerden biridir. Erkekler dünyasında kadın olarak düşüncemizle, gücümüzle, yetkinliklerimizle var olmak, hem güzel, hem akıllı olmak mümkün.

İstanbul'a gelir gelmez çalışmaya başlamıştım. O dönemde sigara tanıtımı yapılırdı. Restoranları, kafeleri dolaşır, başka marka sigara içenlere çalıştığınız markanın tanıtımını yapardınız. O iş sayesinde 18 yaşında gelir gelmez İstanbul'un gece hayatına tanıklık etmiş oldum. İlk kez Sertab Erener'i Sait Halim Paşa Yalısı'nda şarkı söylerken duydum. Bu nasıl bir ses diye, sese doğru yürüdüğümü hatırlıyorum. Dolayısıyla İstanbul'da normalde hem bilgi, görgü hem finansal anlamda gidemeyeceğim belli başlı yerlere girme şansım oldu. Sabah okul, akşam iş seklinde bir dönem geçirdim, bienalde, kongrelerde hosteslik gibi işler yaptım.

Beyoğlu'yla tanışmama tiyatro vesile oldu. Bir arkadaşım Küçük Sahne'de oyuncu adaylarına eğitim veren Ferhan Şensoy Tiyatrosu'na gidiyordu o zamanlar. Bana "sen bu işlerle ilgileniyorsun, yakında sınav açılacak, oyunculuğu denemek ister misin?" dedi. 20 yaşındaydım, denesem ne kaybederim ki dedim. Herkes hazırlanmış, tiratlar ezberlemiş. Ben bir şey ezberlememişim, tiyatro geçmişim zaten yok. Orada bir metin tutuşturdular elime. Normalde sahneye çıkıp elindeki teksti icra edeceksin. Ben çıkıp okudum. Ferhan Hoca karanlıkta oturuyor, "Niye ezberlemedin?" dedi. "Ben bugün duyup geldim, ezberleyemedim" dedim. "Niye oyuncu olmak istiyorsun?" dedi. "Hocam, bir yığın oyuna gidiyorum, tiyatro izlemeyi seviyorum, bazen ben bunlardan daha iyi yaparım diyorum, o yüzden öğrenmeye geldim" dedim. "Tamam, git" dedi. Çıkıp gitmek üzereyken, arkadaşım "Dur sonuçları bekle, Ferhan Hoca herkesle konuşmaz" dedi. Hakikaten o sınavı kazanan 12-13 kişiden biri oldum ve Ferhan Şensoy ve inanılmaz kadrosundan diksiyon, nefes, sahne dersleri, oyunculuk eğitimi almaya başladım. İlk senenin sonunda Önü İliklenmemiş Tramvay diye bir oyun bile sahneledik. Her gün okulun Göztepe Kampüsü'ne gidiyorum, sonra tiyatro için vapurla karşıya geçiyorum. Tünel'den Beyoğlu'na, oradan Küçük Sahne'ye; dönerken de Taksim-Bostancı dolmuşlarıyla eve. İki buçuk senem böyle geçti.

Orada amatör olarak oynadıktan bir yıl sonra şansıma Ferhan Şensoy, Derya Baykal, Münir Özkul ve Erol Günaydın'ın oynadığı Aşkımızın Gemisi Fındık Kabuğu'ndan bir oyuncu ayrıldı. Rolü bana önerdiler, benim de profesyonel oyunculuk hayatım başlamış oldu. Onlarla Anadolu'nun birçok yerine turneye gittim, birçok salonu öyle gördüm. Bursa'daki Tayyare Tiyatrosu'nun içinde tuvalet yoktu, kulisten çıkıp yandaki dükkâna gidilirdi. Değerli hocam Münir Özkul'la, Erol Günaydın'la geçirdiğim harika bir dönemdi. Tiyatroyla okulu hep birlikte yürüttüm. Okul bitince üniversitede aldığım eğitimle ilgili bir şey mi yapacağım yoksa oyunculuğu mu sürdüreceğim bir karar vermem gerekiyordu. Ben bu karar aşamasındayken Kanada Üniversitesi'nden pazarlama eğitimi teklifi geldi, ben de Kanada'ya gitmeyi tercih ettim. Zor bir karardı ama Ferhan Hoca'ya üzülerek ayrılacağımı ilettim.

Kanada'ya gideceğim; istifa ettim ama param yok... Neşe Erberk'te modellik yapıyordum, bir reklam filmi çektim, bir de bir iş teklifi aldım. Bir gün Yılmaz Erdoğan diye biri arayıp, "Umut Taksi diye bir dizi var, ben sizi izledim, oynar mısınız?" diye sordu. Oynamasına oynarım ama ben Kanada'ya gideceğim! Yine de senaryoyu da getirin de bir okuyayım dedim, önce senaryo okunur diye Ferhan Hoca'dan öğrenmiştim. Beşiktaş'ta buluştuk, ben o dizide oynamayı kabul ettim, diziden aldığım paralarla Kanada'ya okumaya gittim ve böylece ilk müstakbel eşimle de tanışmış oldum. İlişki başlamıştı ama ben devam etmez diyorum. Ben 22 yaşındayım, Yılmaz 25... Kanada'da yazışmaya, telefonlaşmaya devam ettik. Bir gün bir mektup yolladı. Özetle "Ben senin beni sevebilme ihtimalini sevdim" yazıyordu. Sonra şiir olan o dize bana mektup olarak gelmişti yani. Okudum, ağladım, okuya okuya ezberledim. Sonra "ne yapıyorum ben burada" deyip dokuz ayın sonunda okulu bitirmeden geri döndüm. Bir işe girip çalışmaya başladım. Bu arada Yılmaz da oyunlar yazıyor ama o dönemde henüz tanınmış değildi. Birbirini seven ama iki parasız gençtik.

Ben karı-kocanın ortak yönettiği tiyatro geleneğinden geliyorum. Ferhan Şensoy-Derya Baykal'la zaten çalışmıştım. Levent Kırca-Oya Başar ikilisi vardı mesela bildiğimiz. Ben bu geleneğe dahil olmak istemedim. Daha zaten tiyatro bile yoktu, yavaş yavaş kuruluyor. Yer yok, para yok, oyun yok. Ona rağmen Yılmaz'a "bu senin tiyatron, çağırırsan gelirim ama burası senin alanın, burada sen oyna" dedim. Belirsizliklere rağmen evlenmeye karar verdik. Kızımız Berfin, ben 24 yaşındayken doğdu. Hayatımızı değiştiren iki güzel olay da o zaman oldu. Yılmaz'ın ortağı sevgili Necati Akpınar eve geldi, "Harika bir yer buldum, koltukların tozunu alıp giriyoruz" dedi. Ertesi gün bir gittik, harabe bir seks sineması. Deprem için gelseler orayı kapatırlar, o kadar. Nasıl yapacağız, para yok. Ben olabilecek yerleri arıyorum, bize sponsor olur musunuz diye. "Para vermiyoruz" diyorlar, "olsun, kumaş verin" diyorum. Ben randevu alıyorum, konuşmaya Yılmaz gidiyor. Unutmuyorum, Colgate'te çalışmaya başlamıştım, avans istemeye çıktım. "Bütün maaş avans olarak istenilir mi ne yapacaksın o parayla?" dediler. "Kereste alacağız, tiyatroya kereste lazım" dedim. Çok absürd zamanlar. Ama tiyatro böylece açıldı, şimdiki Beşiktaş Kültür Merkezi'ne dönüştü. Ben hâlâ Yılmaz'ın her dediğine, vizyonuna inanırım. O da çok büyük bir girişimci aslında. O kadar zor bir dünyada böyle bir girişime kalkıştı, ben de hasbelkader oradaydım.

İkinci güzel gelişme Yılmaz'ın yazdığı Otogargara oyununun müthiş başarısıyla "Mükremin Abi" dizi fikrinin kabul edilmesiydi. Onay haberi Berfin'in doğduğu gün geldi, hatta jenerikte onun ismi de Berfin Erdoğan diye yazar. O dönem biraz şansımız döndü, toparlandık,

Kadıköy semtinin parklarla
süslü sahil şeridindeki
Moda İskelesi.

elimiz biraz para gördü. Ben de artık işten ayrılabilirim, paramız var, çocuğum var, çalışmama ne gerek var dedim. Fakat evde oturmak çok sıkıcıydı. İşi de bırakınca kocama sardım ve boşandık. 27 yaşındaydım, ikimiz de farklı hayatlar kurmak için hâlâ gençtik. Ya tekrar profesyonel çalışma hayatına dönecektim ya da kendim için bir şeyler yapacaktım. Ben ikincisini tercih ettim.

İlk şirketimi 1997'de Kuzguncuk'ta kurdum. Başkaları için çalışırken birilerinden birçok hizmet alıyordum. Sonra oturup düşündüm, ben bunu daha iyi yaparım dedim, finans modellemesi için çalıştım, başkalarından destek aldım ve bir ortakla beraber şimdiki Kuzguncuk fırınının yanında ilk ofisimizi açtık. Orası bana uğurlu geldi. Kuzguncuk bir mahalledir ve çok sevdiğim yerlerden biridir, zaten o zamanlar orada yaşıyordum. Hâlâ esnaflık kültürü vardır. Köftecisini, taksicisini tanıdım, dahası Can Yücel'le tanışma fırsatım da oldu. Tam önümüzdeki Çınaraltı Kahve'ye gelirdi, İsmet Baba da müdavimi olduğu yerlerdendi. Onun orada olması farklı bir entelektüel camianın da Kuzguncuk'ta olmasını sağlıyordu. İngilizcede community dedikleri şey sahiden orada vardı. İnsanlar birbirlerini tanırlar. Hâlâ kozmopolittir. Cami, havra, kilise yan yanadır. Bizim ofisimiz havranın karşısındaydı. Böyle bir kültürde iş kurmanın büyük bir şans olduğunu düşündüm.

Profesyonel hayattan girişimciliğe girmiştim. Annemle babam karşı çıktılar. O zamanlar buna girişimci de denmiyordu, "iş sahibi" oluyordunuz. Colgate-Palmolive'de çalışmıştım, o dönem satış, pazarlama ve ticari pazarlamada aynı anda çalıştığım için işletmeyi, iletişimi ve pazarlamayı biliyordum, kurduğum iş de bunlar üzerineydi. Ama her zaman iki temel motivasyonum vardı. Okumak ve ekonomik özgürlüğümü kazanmak. Bunun için sahip olduğum tek şey eğitim sistemiydi. O dönemki sistemde biraz emek verirseniz, çalışırsanız ve belli bir zekâ seviyesinde iseniz Türkiye'deki başarılı insanlardan biri olabiliyordunuz. Ben Anadolu lisesi mezunuyum. Okula bir ücret ödemedim, aksine burs aldığım için okullar bana para ödediler. Bunun bir bedeli vardı, arkadaşlarımla daha az oynayacaktım, daha az eğlenecektim ama bir kez kafaya koymuştum. Ama girişimcilik bambaşka bir şey. İşinizi iyi yapmanız yetmiyor. Asıl mesele işi yönetmekte, doğru yapılandırmakta, finans bilmekte, her sabah belli bir motivasyon ve enerji ile kalkmakta...

Emevi komutanı Tarık bin Ziya'yı bilirsiniz. Emeviler İspanya'yı işgal hazırlığı yaparlar, ordu, büyük filler Kuzey Afrika'dan gelir, büyük gemilerle Cebelitarık Boğazı'nı geçerler, bir otağ kurar, stratejileri konuşurlar ve sabaha bir kalkarlar gemiler yanmış. Herkes nasıl olur derken komutan gemileri kendisinin yaktığını söyler. "Geri dönüş yok. Gideceğiniz tek bir yer var, o da ilerisi." Girişimcilik böyle bir şey. Geri dönüş yok, sadece ileri gitmek zorundasınız. Motivasyonunuzun çok yüksek olması lazım. Geldiğiniz gemiye binip geri dönmek için o kadar fazla nedeniniz var ki girişimcilikte... Ancak ileri giderseniz o zorlukları aşabilirsiniz.

Ben yedi şirket kurdum, bunlardan ikisi battı. Çok para, çok insan kaybettim. İlk üç yıl hiç para kazanmadım. Çünkü yeteri kadar finans eğitimim olmadığını, nakit akışını bilmediğimi fark ettim. Bilanço öğretirler ama nakit akışı bambaşka. Kaç para geldi, ne kadar tutman lazım, ne kadara satman gerekiyor... Bunları doğru yapmanız şart. İyi bir hukukçunuz yoksa, nasıl sözleşme yapacaksınız? İyi bir muhasebeciniz, iyi bir avukatınız, iyi bir finansçınız yoksa hayat çok

zor. Yalnız ailedeki zorluklar daha fena. Ülkedeki çocuk bakım sistemi çok kötü. Berfin o sırada üç yaşındaydı. Annem ben boşandım diye babamla beraber İzmir'den yanıma gelmeseydi bu yolda devam edemezdim. Birinci iş bu destek sistemi. Çocuk bakımı gibi konuların Türkiye'de çözülmesi gerekiyor. En zorlandığım, KAGİDER'de de en çok üzerinde çalıştığım konulardan biri bu. İkincisi network. Ben kimseyi tanımıyordum. Benim arkadaşlarım ya bir yerde profesyonel olarak çalışıyorlardı ya da ev hanımıydılar. İş sahibi kadın arkadaşım yoktu. Erkekler vardı ama onların da kendi network'ü var; maçta konuşuyorlar, akşam biraya gidiyorlar. Bu konuda da çok zorlandım.

Finans yönetimi, networking ve çocuk bakımından sonra en büyük dert sermayeye ulaşım. Çoğu kadın "aman kredi kullanmayayım", "aman kendi yağımda döneyim" düşünceleriyle paraya ulaşamıyor. Hem risk alamamaktan hem de kanalları bilmemekten. Halbuki bütün araştırmalar şunu söylüyor: Kadınlar borçlarına daha sadık. Kadın girişimcilerin %99,5'i borçlarını zamanında ödüyorlar. Çok güveniliriz. Bu araştırmalardan sonra yeni kadın segment'leri açıldı. Yoksa şubeye nasıl gidilir, kredi nasıl alınır bilmiyorsunuz; yeni firmasınız, banka için de risklisiniz, neye göre kredi verecek? Küçük kredi limitleri

Havadan kuş bakışı İstanbul.

yok, teminat mektubu istiyorlar. Eviniz var mesela, onu teminat olarak veriyorsunuz. Bazen yanlış fiyat veriyorsunuz, müşteri kaybediyorsunuz, yanınızda çalıştığınız insan yanlış çıkıyor. Start-up olunca yeni müşteri bulmak lazım, büyümek lazım, ekip bulmak lazım. Hep söylerim, benim en büyük başarım benimle çalışacak ilk insanı ikna etmekti. Şirketi kurdum, bir kişiyi işe almam lazım. Bir iletişim danışmanlık ofisi var ama ofiste kimse yok. Kim, neden gelip benimle çalışsın? Ancak sayısız görüşmeden sonra birini müşteri temsilcisi olarak çalışmaya ikna edince ben bu işi yapabileceğim galiba dedim.

Şöyle hatalar bile yaptık ama: Maaş maliyetini hesaplıyorum, kestiğimiz faturayı hesaplıyorum, aradaki fark kâr diye görüyorum. Üç ay boyunca ödenmesi gereken SGK'yı hesaplamamışım. İkinci büyük hata: Şirket kuran herkes kazanılan parayı kendisinin sayar. Halbuki para kasanındır ve kasa hep kazanır. Bir gün mali müşavire ne çok vergi ödüyoruz diye dert yandım, bana "Şunu kabul edeceksin, sizin bir ortağınız daha var, o da devlet. Kazanacağın paranın üçte birini ona vereceksin diye hesap yap" dedi. O yüzden ben vergilerimi hiç aksatmadan öderim, "bu yolda benim de payım var, bu polisin maaşını ben de ödüyorum" diye düşünüp iyi hissederim. Aynı nedenden vergi affına da kesinlikle karşıyım. İki yılda bir af çıkarmak haksızlık. Çünkü o vergileri ödemeyerek ben de bir ev sahibi daha olabilirdim.

Genelde işletmelerde olduğu gibi üç yıl sonunda ancak para kazanmaya başladım. İlk üç yıla ölüm vadisi deniliyor. Orayı geçerseniz, hayat sonrasında daha kolay. O yüzden girişimcilere hep üç yıllık plan yapmalarını söylüyorum. Çünkü girişimin kârlı olması kadar sürdürülebilir olması da önemli ve o üç yıl içinde onların temelleri atılıyor. Ardından şirket bir tarihçeye sahip oluyor, ekibi oluyor, bir kültür oluşturmuş oluyor. Dördüncü, beşinci yıldan sonra da kâr etmeye başlıyor. Beş yıldır zarar ediyorsa dönüp bakmalılar, belki de o iş doğru iş değil. Bu çok uzun zaman ve ben beş yıl beklemem. Daha sonraki şirketlerimden biri için Rusya'da bir ofise 50.000 dolar yatırdık; bizim için çok büyük bir miktardı. Altı ay sonunda bir elli daha kaybettik ve anladık ki Rusya bize göre değil. Ya da o an doğru zaman değil. Çünkü oraya hizmet verebilecek kapasitede, bilgi düzeyinde değiliz. Ofisi kapattık. Fakat oradan öğrendiklerimizle Dubai'de açtığımız ofiste efsane olduk. Hata yapılır, önemli olan oradan ne öğrendiğiniz ve onu tekrar etmemeniz.

İki temel şey var, işin özü ve bir de iş yönetim biçimi. O yüzden insanlar genel müdür transfer ederler. Genel müdür işi değil, iş yönetmeyi bilir. Farklı sektörlerde de olsa yönetir çünkü işleyiş şeklini biliyor. Girişimci ise her ikisini de bilmek ve geleceği görmekle yükümlü insan. Dolayısıyla iyi bir fikir ve sermayeniz varsa işi yapacak insanlardan oluşan bir ekip kurup devam edebilirsiniz. O yüzden illa bildiğiniz şeyi yapmak zorunda değilsiniz. Zaten Türkiye gibi iniş çıkışlı bir ortamda açıkçası tek bir şirkete bel bağlamak çok tehlikeli. Ama şu net bir şey: Dükkân sahibiyseniz o dükkânda duracaksınız. Yani "o orada dönsün, ben burada olayım" demeyi ben hiç beceremedim. Yönetim kurulundaysanız da, genel müdürseniz de dükkânda ne olduğunu bileceksiniz. İş sahibi dükkân sahibidir lafı doğru.

2010 yılında KAGİDER'in hâlâ yaptığı Türkiye'nin Kadın Girişimci Yarışması'ına katıldım. Yarışmada Türkiye'nin ilk on kadın girişimcisinden biri seçildim. Burada da KAGİDER bedava üyelik veriyor. Ben de üyeliği aldım ve bir konferansa davet edildim. Konferansın konusu kadının güçlenmesi üzerineydi. Leyla Alaton oradaydı, bana benzeyen, benzer yollardan geçmiş, çok mütevazı birçok kadın vardı. O zamana kadar benim gibi çok kadın tanımıyordum. Tanıdıklarla da hep iş ortamında konuştuğunuz için duvarlarınız var; çok resmisiniz. Bu kadınlarsa şen şakrak, kendileriyle dalga geçiyorlar filan... Bazı şeylerin farkına o konferansta vardım. Türkiye'deki kadın istihdam oranı, yönetici sayısı, parlamenter sayısı gibi... İstatistikler bende bir farkındalık yarattı. Bir şeyler yapmam lazım deyip bu platformda çalışmaya başladım. İki konuda gönüllü olarak çalıştım. Biri kreş sisteminin olması, ikincisi de dijitalleşme. Websitesi yönetimi, dijital pazarlama, CRM... KAGİDER'in üye veritabanını kurdum, oradaki eğitim grubunun başına geçtim., ajanslarla çalışmaya başladım. Yönetim kurulunda geçen iki yılın sonunda "yönetim kurulu başkanı olmak istiyorum" dedim, 2015'te başkan seçildim. Dört yıl başkanlık yaptım ve 2019'a kadar

KAGİDER başkanlığım devam etti. Bu süre içinde 2008'de şirketlerimin ilk satışını, 2015 yılında da ikinci satışı gerçekleştirdim. 2019 itibariyle de son imzamı attım. Artık hiçbir şirkette ortaklığım yok. Başka şirketlerde küçük yatırımlarım var ama 1997'de başladığım girişimcilik yolculuğumu 2019'da böylece sonlandırdım.

Elli yaşıma geldim ve artık hayatta başka üretim biçimleri bulmam, kendimi yenilemem gerekiyor. Aynı şeyi 20 küsur yıldır yapıyorum. Bir daha aynı turu dönmeme gerek yok. Ben girişimciyim, başka şeyler de yapabilirim. Şimdi bir yıl ara verdim ve üretmenin farklı yollarını arıyorum. Şu ana kadar beynim bana hizmet etti ve vücudumu hep geri plana attım. Biraz mindfulness, daha sağlıklı bir yaşam şekli, meditasyon gibi şeylere yatırım yapacağım ki dengelensin. Çünkü hayat bir denge. Bu başarılı hikâyenin ardında çok ciddi bir çalışma, yorgunluk ve stres de var. KAGİDER'de üretmenin, vermenin, faydalı olmanın ne kadar önemli olduğunu keşfettim.

İstanbul benim comfort zone'um olmuş. Buradan çıkmak, "akışa bırakmak" dediğimiz şeye girmek benim için bir mücadele. Hızlı karar alırım, risk alırım, korkmam, insanlara güvenirim ama hayata bırakmayı, güvenmeyi, yavaş hareket etmeyi, öğrenmeye çalışıyorum. Biraz da bu nedenle Kuala Lumpur'a taşındım. Eşim zaten bir yıldır oradaydı. Bu süreçte kendime yatırım yapacağım. Şöyle tarif ediyorum bu kararı: Ben 300 km. hızla giden bir arabanın içerisindeyim. Bu hızla direksiyonu kaskatı tutmak, yola bakmak zorundasınız. Geçtiğiniz ağaçları, evleri göremezsiniz. Ben artık arabamı 50 km. hızla kullanmak istiyorum. Kuala Lumpur'da geçireceğim iki yıl için planım rüzgârın sesini, çiçeklerin kokusunu duymak ve hissetmek... 32 yaşındayken dünyaya getirdiğim ikinci kızım Derin de Kuala Lumpur'da okula başladı. Hayatımda ilk defa okuldan gelince kızıma kapıyı açabiliyorum. O okuldan dönünce ona yemek yapıyorum, sohbet ediyoruz. İlk defa yapıyorum bunu hayatımda. İlk kızım aşçılık okudu ve aşçı oldu. Onunla gurur duyuyorum. Harika bir kız ve iyi ki onun annesiyim diyorum.

Bu duyguları fark etmek çok önemli. İki yıl önce başkanken dedim ki ben bu işi iyi yönetebilirim ama akıl ve ruh sağlığımı, beden sağlığımı yönetemeyebilirim. Sonra düzenli psikoloğa gitmeye başladım ve bu kadar yoğunlukla başa çıkmak için bana çok iyi geldi. Bir de sabah 07:00'de spor yapmaya başladım. Ne iş yaparsak yapalım, bedenen ve ruhen güçlü olmak zorundayız. Günlük hayat problemlerle dolu, trafik bile onlardan biri, bugünkü söyleşi için de yaşadık işte. Yarım saat geç geldim buraya. Noter yavaş hareket etti, banka geç açıldı, her şey birbirini tetikledi ve ben yarım saat geç kaldım. Eskiden olsa buraya kan ter içinde, kendimi yiyerek gelirdim. Artık "ben elimden geleni yaptım, bu işte bir hayır var" diye düşünüyorum. Böyle düşünebilmek beni rahatlatmaya başladı. Demek ki değiştiremeyeceğim şeyler için kendi duygu ve davranışlarımı adapte etmeyi, sakinleşmeyi öğrenmem gerekiyor.

Tesadüflere inanırım ve güvenirim, o yüzden de şanslı olduğumu düşünürüm. Kapılar açık, sadece adım atmak gerek. Hep "ne kaybederim?" diye düşünürüm ben. Ölümden gayrı her şeyin çaresi var. En kötüsü başarısız olurum, terslenirim. O yüzden de bazen olur olmadık şeylere evet derim. Şans tanı, beğenmezsen devam etmezsin. O özgür irade sende. Bunu çocuklarıma da öğretmeye çalışıyorum. Onların önüne de farklı fırsatlar çıkıyor. Kötü şeyler bile bize bir şey öğretiyor. Ama o an onu anlamıyoruz. Bizi asıl yoran şey endişeler. Kurban psikolojisini terk edip, lider psikolojisine geçmek lazım. Hayat öyle bir şey ki, çözemediğiniz ne varsa sürekli önünüze çıkarıyor. Siz öğrenene kadar. Bir arkadaşım "Hayat bir ırmak gibi akıyor, ya kendini bırakacaksın ya da bir dala tutunacaksın. Ama sen dalı bırakmadıkça ırmak seni sürekli aynı yere vuracak, bıraksana şu dalı. Bırak, merak etme hayat seni o kayalara çarptırmaz" demişti. Onu bırakmaya, trafikte sinirlenmemeye, kendimi değiştirmeye çalışıyorum. Kuala Lumpur'un en güzel yanı, sadece Sanem olabilmem. Ne kadar başarılı olmuşum, ne kadar başarısız olmuşum kimse bilmiyor. "Türkiye'den geldim, iki kızım, bir eşim var, daha önce çalışıyordum" diye anlatıyorum kendimi. Budizm'in, Hinduizm'in, Müslümanlığın olduğu bir yer. Ve ben bu üç dinin enerjisinin kuvvetli olduğunu hissediyorum. Farklılıklar, uzlaşma kültürü ve saygı. Bir biçimde tıpkı Kuzguncuk'ta olduğu gibi...

İstanbul Modern'in çağdaş sanat koleksiyonundan.

İlk 3

İSTANBUL FAVORİM

1

Kuzguncuk

1980'lerin televizyon dizisi Perihan Abla'nın meşhur ettiği, İstanbul'da hâlâ mahalle hayatının yaşandığı nadir yerlerden. İcadiye Caddesi ve ona açılan daracık sokaklarda dizili tarihi evlerden oluşan mahalle, son yıllarda mantar gibi çoğalan kafe ve restoranlarıyla popüler bir hafta sonu kaçış noktası.

2

Sunset Grill & Bar

"Sevgili Barış Tansever'in yeri, benim için çok özel bir mekân."

Ulus Parkı'nda, İstanbul Boğazı'nı çok güzel açıdan seyreden açık hava terasında özel misafirlerinizi ağırlamak isteyeceğiniz, yıllardır kalitesi ve popülerliğinden bir şey kaybetmemiş fine-dining restoranı. İstanbul sakinleri 1999'da suşi bar konseptiyle bu restoranda tanışmıştı. Chaîne des Rôtisseurs üyesi restoranın Akdeniz mutfağı ağırlıklı menüsünde hala Japon etkileri hissediliyor.

Kuruçeşme Mah. Yol Sok. No: 2 Ulus Park, Beşiktaş
0212 287 03 57 - 58
www.sunsetgrillbar.com
Öğle yemeği için pazartesiden cumartesiye 12:00 - 15:00 arası; akşam yemeği için her gün 18:00 - 24:00 arası açık.

3

İKSV (İstanbul Kültür Sanat Vakfı)

"İyi ki İKSV var! Düzenlediği festivaller için vakfın kurucusu Eczacıbaşı ailesine ve genel müdürü sevgili Görgün Taner'e teşekkür borçluyuz. Düzenli olarak İstanbul'un kültür sanat hayatına yatırım yapmak ve her şeye rağmen bunu ayakta tutmak çok değerli."

İKSV'nin her yıl iple çekilen etkinliklerinin başında, elbette 1982'den bu yana düzenlenen İstanbul Film Festivali geliyor. İstanbul Müzik Festivali, Caz Festivali, Tiyatro Festivali, bienaller ve Filmekimi de vakfın faaliyetlerinden. İKSV'nin Şişhane'deki ana binasının alt katında yer alan Salon İKSV ise şehrin en önemli canlı müzik performans alanlarından.

Nejat Eczacıbaşı Binası, Sadi Konuralp Cad. No: 5, Şişhane
0212 334 07 00 - iksv.org

Sanem Oktar'ın İstanbul'u

"İstanbul'da yaşamak güzel. Kuzguncuk, Kadıköy, Moda ve Boğaz hattında Arnavutköy-Bebek kendimi iyi hissettiğim yerler."

Yaşanılası Şehirler

İZMİR'DEN LİZBON'A

"İstanbul olmasaydı İzmir'de yaşamak isterdim. Hâlâ düzenli olarak gideriz. Eşim de işini bırakınca belirlediğimiz ve yılda bir iki ay yaşamak istediğimiz şehirler var. Bir ev kiralayıp, oranın bakkalından alışveriş yapıp, oralı bir insan gibi şehri hissetmek istiyoruz. St. Petersburg, Tokyo, Madrid, Lizbon, Sidney listemizdekilerden bazıları..."

İstanbul Lezzetleri

DONDURMACI ALİ USTA

"Moda'daki bu özel mekâna küçüklüğümden beri gideriz. Hiç vazgeçmedim."

Her daim önünde uzun kuyruklar oluşan Ali Usta, gerçek bir Moda klasiği. Sıcak bir yaz akşamında önce Ali Usta'nın kırkın üzerindeki dondurma çeşidi arasında seçim yaptıktan sonra Moda Burnu'ndaki çay bahçelerine veya sahildeki parka doğru uzanmak, Kadıköylülerin vazgeçemediği hafta sonu ritüelleri arasında.

Moda Cad. No: 264/A, Kadıköy

0216 414 18 80

Her gün, 10:00 – 03:00 arası açık.

KARAKÖY GÜLLÜOĞLU BAKLAVACISI

1820'li yıllara ve Gaziantep'e dayanan bir aile geleneğinin İstanbul'daki uzantısı, onlarca yıldır baklava denilince akla ilk gelen adres. Fıstıklı, cevizli, çikolatalı, hatta diyet veya glütensiz envaiçeşit baklava burada. Şehir dışına ve yurt dışına da gönderimleri var.

Rıhtım Cad. Katlı Otopark Altı No: 3-4, Karaköy

0212 249 42 13

www.karakoygulluoglu.com

Her gün 08:00 – 24:00 arası açık.

İSMET BABA

1950'ye kadar bir Rum tarafından Todori Meyhanesi olarak işletilen mekân, sonraki sahipleri tarafından önce kahvehane, sonra da İsmet Baba Meyhanesi'ne dönüştürülmüş. Bugün de İstanbul'un sayılı tarihi lokantalarından biri olarak varlığını sürdürüyor.
Kuzguncuk Çarşı Cad. No: 1/A, Üsküdar - 0216 553 12 32
www.ismetbaba.com.tr
Her gün, 12:00 -24:00 arası açık.

ALAF

"Alaf, genç şef Deniz Temel'in Kuruçeşme'de, çok dikkat çeken, çok ilgi uyandırmış mekânı." Mersin'den yola çıkarak Noma (Kopenhag), D.O.M. (Sao Paulo) gibi dünyanın en önemli restoranlarında staj yapan; İstanbul'da Murat Bozok'un Mimolett adlı restoranında mutfak şefliğine yükselen ve Kemal Demirasal ile birlikte Alancha'yı kuran Deniz Temel, bir süredir de Alaf'ta kendi kanatlarıyla uçuyor. Yörük şivesinde "közlü alev" anlamına gelen Alaf adlı restoranında, göçebe kültürlerinden ve sokak lezzetlerinden beslenen bir menü sunuyor.
Kuruçeşme Mah. Kuruçeşme Cad. No: 19, Beşiktaş - 0532 015 94 19
www.alafkurucesme.com
Pazar hariç her gün 17:00 – 24:00 arası akşam yemeği, 01:00'e kadar ise DJ müziği eşliğinde bar servisi için açık.

Kültürel Keşifler

SALT

Garanti Bankası'nın desteğiyle şehre kazandırılan müthiş bir sanat kurumu. İki şubeden oluşuyor. Şovun asıl yıldızı SALT Galata, Bankalar Caddesi üzerinde 1892'den sonra Osmanlı İmparatorluğu'nun hazinesi işlevini görmüş inanılmaz bir binada.

Levanten mimar Alexandre Vallaury tarafından, beş katlı dev bir kasanın etrafına inşa edilmiş binanın bodrum katında Osmanlı Bankası Müzesi yer alıyor. SALT Galata, sanat ve tasarım ağırlıklı kitapların olduğu şahane bir kütüphaneye, bir kent arşivine ve fine dining restoranı Neolokal'e de ev sahipliği yapıyor. İstiklal Caddesi üzerindeki SALT Beyoğlu da düzenli olarak çağdaş sanat sergilerini ağırlıyor.

Bankalar Cad. No: 11, Karaköy
0212 334 22 00 - saltonline.org
Salt Galata, Pazartesi hariç her gün 11:00 – 17:00 arası açık

CONTEMPORARY ISTANBUL

Türkiye'nin önde gelen çağdaş sanat fuarı her Eylül ayında koleksiyonerler ve sanat severler ile Türkiye'nin ve dünyanın dört bir yanından galeriler ve sanatçıları buluşturuyor. Lütfi Kırdar Kongre ve Sergi Sarayı'nda düzenlenen fuarı 2019'da beş gün içinde 74 bin kişi ziyaret etti.

Gümüşsuyu Mah. İnönü Cad.
Meriç Apt. No: 57/7 Kat:5, Beyoğlu
0212 244 71 71
www.contemporaryistanbul.com

Etkinlik Zamanı

İSTANBUL MARATONU

"İstanbul maratonuna her yıl katılmaya çalışıyorum. Bunlar şehri şehir yapan, bir arada olmamızı sağlayan faaliyetler." İlk olarak Tercüman gazetesi tarafından 1973 yılında düzenlenen eski ismiyle Avrasya Maratonu, bir kıtadan diğerine yapılan tek maraton. İstanbul Büyükşehir Belediyesi organizasyonunda, bu defa yarı maraton (21,1 km) olarak düzenlenen etkinliğin 2020 parkuru Tarihi Yarımada ile sınırlı.

www.istanbulyarimaratonu.com

Tasarım Tutkusu

MİSELA

"Pera'da kadın girişimci Serra Türker'den çantalar..."
Tasarımlarında İstanbul'un tarihinden esinlenen Türker'in çantaları uluslar arası alanda da fark edilerek Heidi Klum'dan Jessica Alba'ya ünlülerin gardrobuna girmiş vaziyette. Misela'nın Pera'daki şık butiğinin yanı sıra, Bodrum Yalıkavak Marina'da ve Londra'da Mayfair'de de mağazaları bulunuyor.
Evliya Çelebi Mah. Meşrutiyet Cad. No: 107E, Beyoğlu
0212 243 53 00
www.misela.com

Kendine Ait Bir Oda

HOTEL LES OTTOMANS

"Boğaz kıyısındaki bir yalıyı mesken tutan bu otelin masaj ve spa servisi çok özel."
Tarihi Muhsinzade Mehmet Paşa Yalısı'ndan otele dönüştürülen Les Ottomans, bariz Osmanlı etkileri taşıyan popüler bir etkinlik ve davet mekânı. Otelin Fransız Caudalie markası ürünleriyle üzüm bazlı vinoterapi uygulamaları yapan spa'sının birde otantik bir Türk hamamı bulunuyor.
Muallim Naci Cad. No: 68, Kuruçeşme, Beşiktaş
0212 359 1500
www.lesottomans.com

SUMAHAN ON THE WATER

"Anadolu yakasında denize sıfır bir otel. Bazen kahvaltıya bile gidilebilir."
Panoramik Boğaz manzaralı 13 odasının bir kısmı, kendi özel bahçesine sahip iki katlı loft'lar olarak tasarlanmış. Otelin 12 yaş altı misafir kabul etmeyen Waterfront adlı restoranı ise baş başa kalmak isteyen çiftler için ideal.
Kuleli Cad. No: 43, Çengelköy
0216 422 80 00
www.sumahan.com

TOMTOM SUITES

Vaktiyle Pera'da Levantenlerin ve Fransız rahibelerin yaşadığı 1850'lerden kalma tarihi bir binayı mesken tutmuş 20 odalı Tomtom Suites, yakın zamana kadar şehrin en iyi fine dining restoranlarından olan Nicole'e ev sahipliği yapan, Tarihi Yarımada ve Boğaz manzaralı harika terasıyla konuk ağırlamayı sürdürüyor.

Bogazkesen Cad. Tomtom Kaptan Sok. No:18, Beyoğlu
0212 292 49 49
www.tomtomsuites.com

Hafta Sonu Gezintisi

KADIKÖY ÇARŞISI

"Kadıköy Çarşısı'nın benim için vazgeçilmez klasikleri: Beyaz Fırın, Şampiyon Kokoreç, Çiya ve sahafların bulunduğu Akmar Pasajı. Avrupa yakasında da Beşiktaş Çarşısı aynı hareketliliğe sahip."

MİNİATURK

"Miniaturk özellikle çocuklar için çok keyifli."
Türkiye'nin doğa ve mimari harikalarının gerçeğe uygun küçük modellerinin sergilendiği 60,000 metrekarelik bu temalı parkta görecekleriniz arasında Topkapı Sarayı, Ayasofya, Kızkulesi, Safranbolu evleri, Pamukkale travertenleri, Efes'teki Celcus Kütüphanesi ve ortaçağ harikası Mardin de var.

Örnektepe Mah., İmrahor Cad. No: 7, Sütlüce, Beyoğlu
0212 222 28 82
www.miniaturk.com.tr
Her gün, 09:00 – 19:00 arası açık.

Kadıköy çarşı rengarenk şemsiyeler altında.

SERRA YILMAZ

Dolapdere'de kentsel dönüşümü hızlandıran modern sanat merkezi

"Benim doğduğum ve çocukluğumu yaşadığım İstanbul, neredeyse herkesin birbirini tanıyabileceği kadar küçük, insani bir İstanbul'du."

SERRA YILMAZ

Oyuncu – Yönetmen – Çevirmen

Fizikten Çok Sahicilik

Serra Yılmaz ile: Kozmopolit İstanbul yıllarından Fransa'da psikoloji eğitimine, Ferzan Özpetek filmlerinden otoriterleşen bir dünyada yaşamaya.

İstanbul benim doğduğum şehir. İstanbullu bir aileden geliyorum. Baba tarafım bahriyeli. Babamın dedesi amiralmiş, kardeşlerinden biri de Ertuğrul Fırkateyni'nin kaptanı. Anneannem Çerkez, sarayda büyümüş. Sonra Malatya kökenli bir devlet memuruyla evleniyor ve saraydan çıkıyor. Hepimizin karakterinin oluştuğu çocukluk ve gençlik yıllarının bana katkısı çok. Fakat özellikle ufuk genişliği ve değişik kültürlerle haşır neşir olmak, bana İstanbul'un getirdiği bir artıydı.

O zaman İstanbul da farklıydı. Yeşil alanların çok olduğu, beton tarafından ele geçirilmemiş bir İstanbul'du ve çok güzeldi.

Öyle bir İstanbul'da büyümenin en büyük katkısı hayatın içinde değişik insanların, değişik dillerin, değişik dinlerin ve görüşlerin var olduğuna dair bir bilinci bana en baştan vermesi oldu. Beni hayatta en korkutan şey tek bir çevreyle kısıtlı kalmaktır. Onun için hayatım boyunca çeşitli çevrelerde bulunmaya, değişik insanlarla, farklı mesleklerle görüşmeye, tanışmaya, onların da fikirlerini almaya gayret ettim. Bunun temeli o yıllara dayanıyor. Ben bir de şanslıydım. Gittiğim okul, ardından seçtiğim okul çok iyiydi; arkadaşlarımın, annemin, babamın son derece açık görüşlü insanlar olması ve bana saygı göstermeleri, tüm bunlar çok büyük şans ve zenginlik hayatta. Babam Sinematek'in kurucusu ve ilk başkanıydı ama ailemin kariyerim için özel bir katkısı olmadı. Onların katkısı zaten oldukları gibi olmalarıydı. Beni tiyatro kursuna filan götürmediler ama bol bol tiyatro ve sinemaya götürdüler. Bunun dışındaki katkıları da benim arzularıma karşı çıkmamalarıydı. Suadiye Taş Mektep'ten sonra Fransız okuluna gitmek istediğimi söyledim. O dönem her okul kendi sınavını yapıyordu. Ortaokulu Saint Pulcherie'de, liseyi Saint Benoit'da okudum. Okul dolayısıyla Cihangir'e taşındık. Orada İtalyan, Fransız, İngiliz, Macar karışık bir arkadaş grubu ile çok eğlenceli zamanlar geçirdik.

Şu anda gözlediğim bir şey var. Diyelim bir arkadaşım var, adı Jak. Jak, Türk uyruklu ve Musevi olabilir. Ancak herhangi bir yere gittiğimizde kendini tanıtırken Jak dediği anda kültür seviyesi yüksek olduğunu düşündüğümüz arkadaşlar, sanatçılar bile "Jak mı? Jak Türk ismi değil ki" diyebiliyorlar. Bu beni şoke eden bir şey çünkü böyle bir şey söylemek benim asla aklıma gelmez. Olsa olsa Jak Musevi mi, Ermeni mi diye bir merak duyarım. Yeni nesiller İstanbul'un nüfusu bir milyon dahi değilken, bizim azınlık haline dönüşmüş çok çeşitli topluluklarla hep birlikte yaşadığımızı, birlikte okula gittiğimizi, birbirimizin bayramlarını seyranlarını bildiğimizi maalesef bilmiyorlar.

Kimseyi din, ırk, herhangi bir nedenden dolayı hor ya da üstün görmemek, olduğun gibi olmak ve yalan söylememek ailemden aldığım, o dönemlerde gelişen önemli özellikler. Benim de bir kızım var: Ayşe. Ayşe tek çocuktu, onu da böyle belirli bir disiplinle yetiştirmeye önem verdim. Sınırları olması gerektiğine inanıyorum çocukların. Sınırsız büyüyen çocukların hayatta mutsuz olduklarına inanan biriyim. Aramızda hep bir güven ilişkisi olmasını istedim. O da ne zaman sorunu olsa bizimle paylaşabildi. Çevremdeki arkadaşların çocukluklarıyla, aileleriyle ve özgürlükleriyle sorunlarını gördükçe yatıp kalkıp şükretmem gerektiğini düşünüyorum.

Bu düşüncelerimin bir kısmı da aldığım eğitimle şekillendi. Onuncu sınıfta psikolojiyi keşfettim. Freud'a, Jung'a hayranlık duyup "acaba psikiyatrist mi olsam" diye düşünürken Fransız hükümetinden üniversite bursu kazandım. Burs tıp için geçerli değildi, ben de psikoloji okumaya karar verdim. Ancak psikolog olmak istemediğimi, ilk aşkım olan tiyatroya dönmek istediğimi çok çabuk anladım. Burs aldığım için belli bir seviyeye kadar götürüp öyle bıraktım. Okulda tiyatro dersleri ilgimi çekti ve sonradan Fransa Kültür Bakanlığı tiyatro sorumlusu olan Robert Abirached'in tiyatro derslerine kabul edildim.

1977'de Türkiye'ye döndüm. 77 süreci siyasi açıdan değişik bir dönemdi. İstanbul'da çok büyük bir siyasi mücadele vardı, gruplar arasında neredeyse silahlı mücadele sürüyordu. Üsküdar'a geçtiğinizde Çiçekçi'ye kadar bilmem kimler, sonrası Maocular, sonrası ötekiler diye ayrımların, güvenlik sorunlarının olduğu, siyasal hayatın yoğun bir biçimde güncel hayatımıza yansıdığı özel bir dönem. Türkiye'ye döndükten sonra Dostlar Tiyatrosu'nun sınavını kazandım. Dostlar Tiyatrosu'na girmek benim için başlı başına bir mutluluktu çünkü onlara çok hayrandım. Onlarla çalışmayı çok arzu ediyordum, aynı yıl sahneye bile çıktım. Fransa'daki dönemi tamamlayan ve Türkiye'nin bilmediğim yerlerini bana öğreten, zor, ilginç ve yoğun zamanlardı.

Ancak oyunculuğun bir özelliği var, onu zamanla öğreniyorsunuz. Oyunculuk sürekli para getiren bir iş değil. Bir oynuyorsunuz, bir oynamıyorsunuz. Oynamadığınızda ev sahibi bu ay kira vermeseniz de olur demiyor. O nedenle oyunculuk yapamadığım zamanlarda eve ekmek getirmek üzere iş olarak çevirmenliği seçtim. Ben alaylı bir oyuncuyum ve alaylı bir tercümanım. Bazı insanların bir dil yeteneği var. Her meslekte olduğu gibi okullu olan kötü oyuncular da var, iyi olan alaylı oyuncular da... Oyunculuğun da, konferans tercümanlığının da bir yetenek gerektirdiğini düşünüyorum. Tercümanlığı da çok severek ve keyifle yaptım ama oyunculuğum gitgide yoğunlaştı, çok şükür daha çok çalışma imkânım var şimdilik. Onun için çevirmenliği çok nadiren yapıyorum. Zaten çok sayıda genç var piyasada ve o anlamda benim için cazibesini de kaybetti biraz. Bir de bunların yanında yönetmenlik var ama onu hiç bilmiyorum, denk gelirse devam ederim ama şimdilik yeni bir projem yok.

Cebimdeki Yabancı filminin yönetmenliği de Ferzan Özpetek aracılığıyla oldu. Ferzan'la 1997 senesinde Strazburg'da tanıştık ve 1998'de Harem Suare filmi işbirliğimizin başlangıcı oldu ve İtalya'da ünlenmeme yol açtı. Cebimdeki Yabancı'nın yapılmasını da Ferzan çok arzu ediyordu ama kendisi yapmak istemiyordu çünkü o yalnızca kendi hikayelerini çeken bir yönetmen. Dolayısıyla hem ona yakın ve onun da denetleyebileceği, hem de Türkiye'de iyi uyum sağlayacak birinin olmasını istiyordu. Kim olabilir acaba diye lafı geçince "ben yaparım eğer istersen" dedim. Bunu konuştuktan epey bir zaman sonra iş ciddiye bindi ve film oldu. Gösterime girdiğinde 800.000'den fazla seyircinin beğenisini kazandı. Beni çok tatmin etti, çok memnun kaldım ve keyifle çalıştım ama sanıyorum oyunculuğu tercih ediyorum. Oyuncu netice itibariyle setteki en iyi yere sahip olan kişi. Herkes sizi el üstünde tutuyor, biraz da şımartıyor, sabah gelip akşam gidiyorsunuz. Akşam rolünüzü biraz düşünürsünüz ama bütün filmin yükünü omuzlarınızda hissetmezsiniz. Nasıl olsa yönetmen siz değilsiniz. Yönetmen olunca her gün sabahın erken vakti gidiyorsunuz. İş koşulları da her zaman çok önemli tabii ki. Ben pek dizici değilim ama dizilerde saat sınırı olmuyor ve hem oyuncular, hem tüm çalışanlar çok zorlanıyorlar. Onun dışında benim çalıştığım filmlerde öyle bir sorunumuz olmadı. Yönettiğim filmde de her şey kitabına uygun yapıldı. Belki yine yaparım ama ancak çok anlatmak istediğim bir hikâye olursa.

Mesela senaryo hiç yazmıyorum. Haddimi bilirim. İnanamazsınız ne kadar çok insanın yazdığına. Üstelik ilk yazdığı metnin bir dünya şaheseri olduğundan emin ve illa bana yollayıp okutmak istiyor. Kaldı ki ben senaryocu değilim. Ben kendi işlerime yetemiyorum. Kariyer planı olan biri değilim ben. Hiçbir zaman olmadım. Zaten çoğu gitti azı kaldı, bundan sonra da olacağı yok.

Oyunculukta da ben fizikten çok sahicilik ve içtenliğin önemli unsurlar olduğunu düşünüyorum. Kendinizi öykünün içinde hissetmeniz gerek. Ben bir role hazırlanırken hep o karakteri düşünüyorum ve aklımda ona bir hikâye yazıyorum, o karakterin geçmişini dolduruyorum. Bunu yaparken de yönetmenle işbirliği halindeyim. Sinemadaki çabukluğu ve tiyatrodaki yoğunluğu seviyorum. Angelo Savelli'nin yönettiği Son Harem 14 yıl kapalı gişe oynadı mesela. İnsanın yaptığı bir işin bu kadar beğenilmesi, bu kadar seyirci bulması ve böyle talep görmesi çok sevindirici. Baba ve Piç de dört yıl kapalı gişe oynadı. Ayrıca bir monolog oynadım. Coraly Zahonero'nun Grisélidis Réal'in metinlerinden derlediği bir monolog. Grisélidis'e ses verdiğim için çok mutluyum.

Bir yıldır bir tiyatro piyesinde oynuyorum İtalya'da. Don Kişot. Ünlü İtalyan oyuncu Alessio Boni ile beraber başrol paylaşıyoruz. Aramızda hep karşılıklı bir sempati vardı ama hiç birlikte çalışmamıştık ve ilk kez birlikte çalıştık. Çalışma yöntemlerimiz birbirinden son derece farklıymış meğer. Mesela ben rolü provada öğrenirim. Halbuki o bütün rolü ezberlemiş geliyor ve karşısındakinden de aynı şeyi istiyor. Ben daha ilk toplantıda rolü ezberleyemeyeceğimi söylemiştim. Benim için ezberlemek, karşıdaki ile etkileşim halinde ortaya çıkan bir şey. Nitekim rolü çıkarma tarzımız farklıydı. O ilk gün geldiğinde ne yapıyorsa bugün de aynı şeyi yapıyor, oysa ben ilk günden oyun çıkana kadar değişik şeyler denedim. Alessio aynı zamanda yönetmenlik de yaptığından çok zorladı beni. Ama müthiş bir sabır ve tevekkül ile karşıladım birtakım çatışmaları. Çok sakin ve rahat davranınca zaten karşınızdakinin de öfkesi, parlaması sönüyor. Benim için büyük bir mücadeleydi. Genelde böyle davranan biri değilim. Ben de kapıyı vurup çıkabilirim ya da sinirlenebilirim, biraz sert mizaçlı bir insanım. Onu başardığım için çok mutluyum çünkü iyi bir iş çıkardık ortaya. Birbirimizi tanıdık. Netice iyi olunca o da rahatladı. Şu an çok rahatız. Geçen yıl 65 oyun oynadık, bu sene 100 oyun oynayacağız. Şu an İstanbul'da proje yapmaya zamanım yok. Orada 100 oyun planlamışken burada da bir oyun çıkarmam mümkün değil.*

Tüm bunların neticesinde en iyi kadın oyuncu, en iyi yardımcı kadın oyuncu gibi ödüller, bir de Fransa'dan Palmes Académiques diye bir nişan aldım. Benimle çok alakasız bir nişan aslında çünkü hiçbir akademik tarafım yok! İtalyanlardan da iki nişan aldım. Ordine della Stella d'Italia'da hem Cavaliere hem Commendatore unvanlı devlet nişanları ve bir de Premio Persefone oyunculuk ödülü... İtalya'da en iyi tiyatro oyuncusuna verildiği için önemli bir ödül. Ödülleri hem küçümsememek hem de abartmamak lazım. Tabii ki insan keyifleniyor ödül aldığı zaman. Ama alsanız da olur, almasanız da. Bazen ödülü size vermezler ama seyirci zaten o ödülü size vermiştir. Mesela Anayurt Oteli ile bana ödül vermediler, oysa herkes en az üç dört ödül aldığım konusunda hemfikir. Aslında almadım ama onlar kafalarında bana vermişler demek ki... En önemlisi de bu.

İş dışında jimnastik yapıyorum, film izliyorum. Genelde sinemaya gidiyorum. Televizyonu sadece film izlemek için açan biriyim ben. Televizyon programı izlemiyorum ve çok memnunum. Haber takip ediyorum ama yazılı basını takip ederim. Haber dinlediğim tek kanal Arte kanalı. Alman-Fransız ortak bir kültür kanalı. Orada haberlerden önce Elisabeth Quin'in yönettiği 20 dakikalık bir güncel tartışma programı vardır, onu izlemeyi çok severim. Kendisiyle de tanışmıştım. Çok iyi bir ekibe sahip olduğunu düşünüyorum. Bu bir ekip işi çünkü. Arte'nin en büyük özelliği de reklam olmaması. Eskiden okuyabildiğim kadar kitap okuyamıyorum. O konuda kendimden şikâyetçiyim çünkü internet ve dijital dünya çok vaktimi çalıyor. Çok kötü dağılıyorsunuz. Mesela Twitter'dan bir habere bakarken başka bir makale gözüme ilişiyor. Şimdi yeni bir yöntemim var. Mesela Rachmaninoff'un bir eseri ile ilgili bir şey merak ediyorum, çünkü ben çok da meraklıyımdır, merak kediyi öldürür demişler, biraz da kedi cinsi olduğumdan, son-

*Tüm sayılar COVID salgını öncesi yapılan planlara ait, y.n.

ra okumak üzere o makaleyi hemen kendi WhatsApp hesabıma yolluyorum. Türk telefonumdan İtalyan telefonuma ya da tam tersi. Arada trende giderken daha çok kitap ve makale okurum. Kitap okumak için daha yoğun konsantrasyon gerekiyor. Aksi halde çok vakit kaybı oluyor, tek bir şeye bakarken beş farklı şey çıkıyor karşınıza, bir de bakıyorum bir saat geçmiş, eyvah hemen duşa girmeliyim telaşına kapılıyorum.

Yemek yapmayı da çok seviyorum tabii. Floransa'da AIRC diye bir kurum var. Kanser araştırmalarına destek olmak için açık arttırmalar düzenliyorlar. Benimle mesela bir öğle yemeği satıyorlar veya bir başka arkadaşla 20 kişilik ziyafet pişiriyoruz, biri açık arttırmada onu satın alıyor. Diyelim ki 2000 Euro ödüyor, o para derneğe gidiyor. Fakat benim kurduğum o büyük sofralar, kalabalık sosyal hayat genelde biraz abartılıyor sanırım. O kadar koşturmaca ve turne sırasında buna vakit de kalmıyor. Geçen yıl tüm turne boyunca Floransa'da yalnızca bir hafta oynadık. Ben de madem kendi evimdeyim ekibi ağırlayayım dedim, canım çıktı. Ev sahibiyim diye teknik ekibe ayrı, oyunculara ayrı yemekler... Bir yandan konferanslar, başka işler... Yardımcım da yok, yemekleri de kendim yapıyorum orada. Biz bir de alışmışız ev sahibi olarak çok bol çeşit yapmaya. Bir Fransız gibi ağırlamıyoruz. Çok yoruldum!

Kendime özgü bir tembelliğim var benim, kimsenin dışarıdan bakınca anlamadığı ama benim bildiğim ve kendi kendime kızmama neden olan. O tembelliğim zayıf yanım belki. Güçlü yanımsa, özerk bir insan olmam. Yalnız yaşamaktan asla mustarip değilim, çok keyifle yalnız yaşayıp, dostlarımla da keyifli vakit geçiririm. Bir de kolektif işlerde iyiyimdir. Yani benimle bir iş yapmak istiyorsanız, o işin kolektif olması beni her zaman için disipline eder. Kendi kendime yeterince sorumlu değilsem bile ötekilere karşı sorumluluk duygum vardır ve onu yerine getirmek için çabalarım. Bu da yine tiyatrodan gelen bir şey. Tiyatroda saatinde orda olmak zorundasınız. Oyun sizin yüzünüzden geç başlayamaz. O zorunluluklara alışıyorsunuz. Zaten beni bilen bilir. Sert yanlarım vardır ve çok hoşgörülü değilimdir. Zaten hoşgörüden de hoşlanmam. Kendim için de kimseden hoşgörü beklemem, sadece saygı beklerim. Hoşgörü iyi bir şey değildir. Hoşgörü lafı, o kişinin yanlış olduğunu ama sizin o yanlışa göz yumduğunuzu, mazur gördüğünüzü ifade ediyor. O yüzden hiç hoşlanmam.

Hoşgörü, hatalar ve mazur görmek gibi meselelerin başka yansımaları da var. Şimdilerde İstanbul'un benim için ifade ettiği şey çok yoğun bir hüzün örneğin. Çok yoğun bir umutsuzluk. Çünkü ben doğduğumda ve çocukluğumu yaşadığımda İstanbul, öyle bir İstanbul'du ki neredeyse herkesin birbirini tanıyabileceği kadar küçük, insani bir

Boğaz Köprüsü'nden Tarihi Yarımada ve Marmara Denizi görünümü.

şehirdi. Şu an o insani yanından eser kalmadı. Tamamen anonimleşmiş, kimin nerede olduğu belli olmayan, herhangi bir değerin kalmadığı, komşuluğun kalmadığı büyük bir megapol oldu. O yüzden de hüzünlü.

Gerçi Türkiye'ye özgü koşullar başlangıçta gerçekten buraya ait görünüyordu ama aslında dünyayı saran bir popülizm belasına ve giderek otoriterleşen bir dünyaya şahit oluyoruz. Geçenlerde biri "sınıf savaşı devam ediyor ama patronlar kazanıyor" diyordu. Maalesef öyle. Şu anda Avrupa'da birçok ülkede, birçok devlette finansın çıkarları nüfusun çıkarlarından çok önde. Nitekim bütün dünya batıyor. Çok yakında çok büyük doğal afetlerle karşılaşacağız ve bunu engellemek için devletler de düzgün çalışmıyor. Kazandıkları paraları seller götürdüğünde ne yapacaklar? Büyük depremler olduğunda o altınları, sarayları nereye götürecekler çok merak ediyorum.

İstanbul Modern'in çağdaş sanat koleksiyonundan.

İlk 3

İSTANBUL FAVORİM

1

Tarihi Yarımada

"Süleymaniye, Rüstempaşa ve Mihrimah Sultan camileriyle Ayasofya ve Kariye favori yerlerim. Özellikle Süleymaniye Camii'nin bahçesinde gezinirken görülen Boğaz perspektifi eşsiz."
İstanbul'un ilk kurulup geliştiği, Bizans imparatorlarının inşa ettirdiği ve hâlâ büyük ölçüde ayakta olan surların içinde kalan Tarihi Yarımada bölgesi, şehrin hemen hemen tüm önemli tarihi anıtlarını içinde barındıran, çok katmanlı bir yer.

2

Boğaz Turu

İstanbul'dan başka hiçbir şehir, iki kıtanın kıyısında kurulmamıştır. Boğaz kıyısındaki mahallelerde oturanları merkeze bağlayan Şehir Hatları seferlerinin yanı sıra, Eminönü rıhtımından hareket eden iki saatlik veya yarım günlük turistik seferler ile de Boğaz'ı keşfetmek mümkün. Yarım günlük turlarda, Anadolu veya Rumeli Kavağı'nda öğle yemeği için mola da veriliyor.

3

Arter

16. İstanbul Bienali ile eş zamanlı olarak İstiklal Caddesi'ndeki binasından Dolapdere'deki ultra modern müze binasına taşınan Arter, Dolapdere'nin bir çağdaş sanat merkezine dönüşmesine de ön ayak oldu. Dirimart, Pilevneli Galeri ve Evliyagil Müzesi gibi sanat galerileri onu izlerken; İstiklal'de Arter'den kalan boşluğu ise Meşher adlı bir başka sanat merkezi doldurdu.
Irmak Cad. No: 13,
Dolapdere, Beyoğlu
0212 708 58 00
www.arter.org.tr
Pazartesi hariç her gün
11:00 – 17:00 arası açık

Serra Yılmaz'ın İstanbul'u

"Ben üniversiteye gidene kadar İstanbul'da denize giriliyordu. Suadiye'de, Süreyya Plajında, Boğaz'da, Florya'da denize girer, hatta deniz mahsulü avlardık."

Kaybolan Yaşam Tarzıyla

İSTANBUL

"İstanbul'un benim için ifade ettiği şey, çok yoğun bir hüzün ve umutsuzluk. Benim doğduğum ve çocukluğumu yaşadığım İstanbul, neredeyse herkesin birbirini tanıyabileceği kadar küçük, insani bir İstanbul'du. Şu an o yanından eser kalmadı. Şimdi tamamen anonimleşmiş, kimin nerede olduğu belli olmayan, herhangi bir değerin veya komşuluğun kalmadığı büyük bir megapol. O yüzden hüzünlü."

Benim Mahallelerim

CİHANGİR & NİŞANTAŞI

"İstanbul'da kısıtlı bir çevrede dolaşıyorum. İstanbul sınırsız genişlemiş bir şehir. 53 yıldır oturduğum Cihangir'in hâlâ mahalle özelliklerini korumasından dolayı çok mutluyum. Herkesi tanıyorum, dolayısıyla Cihangir'de ve çocukluğumu yaşadığım Nişantaşı'nda zaman geçirmeyi, Boğaz'a gitmeyi çok seviyorum."

Yaşanılası Dünya Kentleri

FLORANSA'DAN TOKYO'YA

"İstanbul dışında Paris'te yaşamak istiyordum, yaşadım. Floransa'da yaşamak istiyordum, şimdi yaşıyorum. Ara ara mesela bir yıllığına Tokyo'da, bir yıllığına Boston'da yasamak isterim. Avustralya'da bir süre geçirmek isterim; doğası olağanüstü. Afrika'yı, Latin Amerika'yı yeterince tanımıyorum ve tanımak isterim. Dünya'da keşfedilecek çok yer var ve bitmiyor. Bırakın dünyayı, Türkiye'de bile bitmiyor."

Anadolu Yakası'nda Hafta Sonu Gezintisi

BAĞDAT CADDESİ

Kadıköy'deki Fenerbahçe Stadı'ndan başlayıp 14 kilometre boyunca devam ederek Kartal, Cevizli'de son bulan bulvar, İstanbul'un Anadolu yakasının en popüler alışveriş ve eğlence merkezi. Lüks markaların ana mağazalarına, şık kafe ve restoranlara, vaktiyle burada yaşanmış sayfiye hayatının tanığı tarihi köşklere ev sahipliği yapan "Cadde"nin geniş kaldırımlarında salındıktan sonra, hafta sonu gezintinizi Caddebostan Sahili'ndeki parklarda noktalayabilirsiniz.

İstanbul Lezzetleri

MIKLA

"Dünyanın En İyi 50 Restoranı" listesindeki yerini yıllardır istikrarla koruyan tek İstanbul restoranı. Yeni Anadolu Mutfağı'nın öncülerinden şef Mehmet Gürs, Tepebaşı'ndaki The Marmara Pera otelinin çatı katındaki nefes kesici bir manzaraya sahip mekânında, has yerel malzemelerle hazırlanmış özel bir tadım ve kokteyl menüsü sunuyor.
Meşrutiyet Cad. No: 15, Beyoğlu
0212 293 5656
www.miklarestaurant.com
Pazar hariç her gün 18:30 – 23:00 arası açık.

ARAKA

Pınar Taşdemir'in Yeniköy'ün ara sokaklarından birinde, restore edilmiş eski bir evde hazırladığı tabakları sunduğu bu restoran, şehrin yeme içme ve eğlence hayatında gözlenen merkezden çepere kaçma trendinin öncülerinden. Taptaze malzemelerle çağdaş Türk mutfağına farklı bir yorum getiren şefin mekânı, pazar kahvaltıları ve özel event'ler için de açık.
Yeniköy Mah. Kapalı Bakkal Sok. No: 8, Sarıyer - 0212 223 72 23
www.araka.com.tr
Pazar ve pazartesi hariç her gün 18:00 – 24:00 arası açık

FERİYE

2019'da tamamen güncellenmiş bir konseptle kapılarını yeniden açan Feriye; sinema, tiyatro, konser organizasyonları ve atölye çalışmalarıyla İstanbul'un sosyal yaşamının yeni çekim merkezi olma yolunda. Yeni nesil şeflerden Esra Acar Koç'un yönetimindeki Lokanta Feriye, deniz kıyısındaki eşsiz konumuyla ilgiye değer. Mekânın ismi, Dolmabahçe ve Çırağan saraylarının

hanedana yetmemesi üzerine bu sahil boyunca inşa edilmiş (Galatasaray Üniversitesi ve Kabataş Lisesi'nin de dahil olduğu) bir dizi saraydan geliyor.
Çırağan Cad. No: 44, Ortaköy
0212 227 22 17
feriye.com

RESTAURANT MABOU

Son zamanlarda Asmalımescit'in başına gelen güzel şeylerden biri. Almanya'da ve Michelin yıldızlı restoranlarda yetişmiş genç şef Cem Ekşi'nin sunduğu Akdeniz ve İtalyan esintili menü, fine dining'in deneysel yaklaşımıyla geleneksel mutfak değerlerini buluşturuyor.
Asmalı Mescit, General Yazgan Sok. No: 8b, Beyoğlu
0212 252 47 53
restaurantmabou.com
Salıdan perşembeye 12:00 – 22:00, cuma ve cumartesi 12:00 – 24:00 arası açık.

FİRUZE MEYHANE

İstanbul Film Festivali ve Bienal gibi, şehrin kültür sanat takviminin en önemli buluşmalarından bazılarının organizatörü olan İKSV'nin Tepebaşı'ndaki tarihi binasının en üst katında yer alan bu modern meyhane, eşsiz Haliç manzarası eşliğinde klasik Türk mezelerinin tadını çıkarmak için bire bir.
Nejat Eczacıbaşı Binası, Sadi Konuralp Cad. No: 5, Kat 6, Şişhane, Beyoğlu
0212 238 50 50
www.firuzeistanbul.net
Pazartesiden pazara 12:00 – 02:00 arası açık.

KİLYE LOKANTA

Çanakkale'nin ödüllü şarap üreticisi Suvla'nın Eceabat'taki geleneksel aile bağlarından elde edilen doğal ürünlerini satışa sunduğu Kilye markası, aynı zamanda restoran olarak da hizmet veriyor.

Emaar Square'deki Suvla Bistro Wine Bar'a komşu olan lokanta, sabahları kahvaltı mekânı, öğlenleri ev yemekleri ve esnaf lokantası, akşamları ise meyhane konseptiyle hizmet veriyor.
Emaar Square, Teras Restoranları, (Suvla yanı), Ünalan
0216 510 36 14
www.kilye.com.tr
Her gün, 09:00 – 23:00 arası açık

Kültürel Keşifler
İSTANBUL MODERN
Türkiye'nin ilk çağdaş sanat müzesi olarak 2004'te Eczacıbaşı ailesi tarafından kurulan ve Karaköy rıhtımındaki eski antrepolardan dönüştürülen binasında kapılarını açan İstanbul Modern, Galataport projesi nedeniyle buradan ayrılmıştı. Boğaz'da ünlü mimar Renzo Piano imzalı yeni müze binası tamamlanıncaya kadar, Beyoğlu'nun alımlı tarihi binalarından birindeki geçici mekânında güncel sergilerle misafir ağırlamayı sürdürüyor.
Asmalımescit Mah. Meşrutiyet Cad. No:99, Beyoğlu
0212 334 73 00
www.istanbulmodern.org
Pazartesi hariç her gün 11:00 – 17:00 arası açık

SADBERK HANIM MÜZESİ
1980'de Vehbi Koç tarafından Türkiye'nin ilk özel müzesi olarak açılan ve eşi Sadberk Hanım'ın Türk İslam eserleri ile arkeoloji koleksiyonuna adanan mekân, Haliç Tersanesi'ndeki eski depo binalarından dönüştürülecek yeni yerine taşınmaya hazırlanıyor.
Piyasa Cad. No: 25/29, Büyükdere, Sarıyer - 0212 242 38 13
www.sadberkhanimmuzesi.org.tr
Çarşamba hariç her gün, 10:00 – 17:00 arası açık.

Tasarım Mabetleri

ECNP GALLERY
"Ela Cindoruk ve Nazan Pak'ın takı dizaynlarını çok beğenirim. Küpelerim de onlardan." 1989'dan bu yana ortak tasarımlara imza atan ikilinin Nişantaşı'nda koleksiyonlarını sergiledikleri galeri, sadece randevuyla ziyarete açık.
Ahmet Fetgari Sokak 52/3
Haznedar Apt., Teşvikiye
0532 211 7963

MAE ZAE
Karaköy'ün en özgün adreslerinden biri olan Mae Zae, birkaç basamakla inilen bodrum katındaki sıra dışı konsept mağazasında, "ruhu olan" tasarımlar sergiliyor. Takı ve aksesuardan, tekstil, ev ve yaşam ürünlerine geniş bir seçki sizi bekliyor.
Kemankeş Karamustafa Paşa Mah. Hoca Tahsin Sok. No: 16/A, Karaköy - 0212 288 77 68
maezae.com

İstanbul'un simgelerinden İstiklal Caddesi ve nostaljik tramvayı.

"İstanbul'u hep bir kız arkadaş olarak gördüm. Erkekler sıkıcı, kadınlar orijinal yaratıklardır. Aynı tür olduğumuzu bile düşünmüyorum. Bana göre biz erkekler, kadınlara göre daha alçak seviyedeyiz."

TALAT KIRIŞ

Nöroşirürji Uzmanı Doktor – Gezgin – Konuşmacı – Yazar

Jüpiter'e Gitme Hayali

Talat Kırış ile: Eski İstanbul meyhanelerinden Galata-Pera'ya, dünyadaki 20 bin beyin cerrahından biri olma ayrıcalığından hiç dinmeyen dünyayı keşif merakına.

Bana göre İstanbul'un iki odağı var. Bir elipsin iki odağı gibi düşünün: Bir tanesi Eminönü-Beyazıt hattı, diğeri de Galata-Pera'dır benim için. Benim diğer yakayla pek ilişkim olmadı ve bir şekilde hayatım buralarda geçti. Cağaloğlu, Beyazıt, Kapalıçarşı, Mısır Çarsısı beni hep çok etkilemiştir. Orası şehrin doğu yüzü, burası, yani Galata, batı yüzü olagelmiş hep. İkisini de ayrı ayrı çok sevdim.

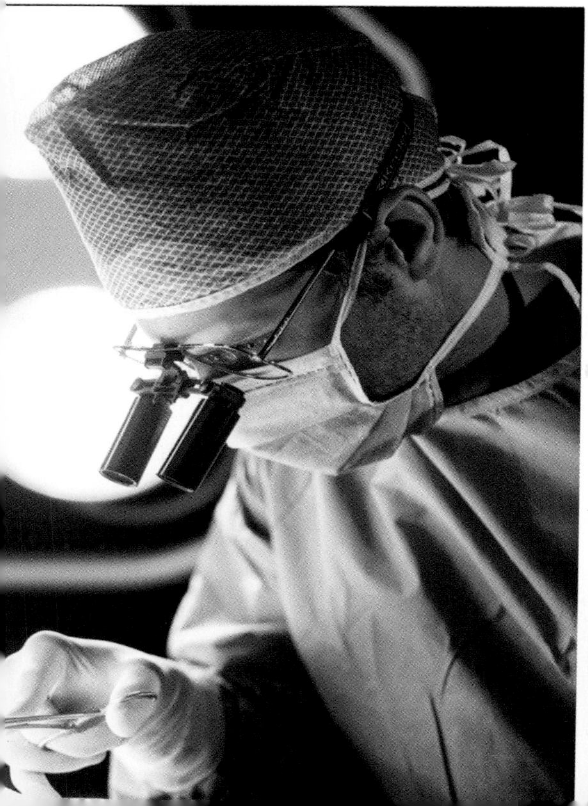

İstanbul'un en eski hastanesi Süleymaniye Doğumevi'nde dünyaya gelmişim. Annem Bakırköy doğumlu. Babam 1940'larda gelmiş İstanbul'a. Ortaokul ve liseyi İstanbul Erkek Lisesi'nde, üniversiteyi İstanbul Üniversitesi'nde okudum. Babam ticaretle uğraşırdı ama ticareti pek sevmezdi. Sultanhamam'da terzi malzemeleri satardı. Annem de, babam da çok okurlardı. Büyük bir kütüphaneleri vardı. Ablamı ne yazık ki trafik kazasında kaybettik. O da çok okurdu ve bir tür hızlı okuma yeteneği vardı. Sonra bu yeteneği kızımda da fark ettim. 150-200 sayfalık bir kitabı birkaç saat içinde okuyabiliyordu.

Ben yedi yaşındayken annem bel fıtığı ameliyatı oldu. O ameliyatı bir beyin cerrahı yapmıştı. Belki onun da etkisiyle yedi yaşında ya astronot ya da beyin cerrahı olacağım diye karar verdim. Baktım ki Türkiye'de astronot olmak zor, tıbbı seçtim. Doktor olmak gibi bir niyetim yoktu, özellikle beyin cerrahı olmak istiyordum. Beyin cerrahisi beni hep büyüledi, hâlâ da büyülemeye devam ediyor.

1979'da liseyi bitirip tıbba girdim. Tatsız yıllardı. Darbe öncesi, çok sayıda insanın çatışmalarda öldüğü yıllar. Sonrasında 12 Eylül'de gençliği tehlikeli gören bir askeri rejim geldi. Kantinlerimiz kapatıldı, tüm sosyal faaliyetler, kollar, bir üniversitede olması gereken kulüpler, hepsi yasaklandı. Kapalı, sıkıntılı bir ortam...Bu ortamda şiire, edebiyata meraklı gençlerdik biz de. O dönemde yavaş yavaş İstanbul'un meyhanelerini keşfetmeye başladık. İstanbul'un çok güzel meyhanecileri vardı. Bir tanesi entelektüel Cavit'ti. Çiçek Pasajı'nda Huzur Restoran'daydı. Sadece çay içerdi ve teatral bir adamdı. Tıbbiye üçüncü sınıftaydık ve bir gün mikrobiyoloji dersinden kaçtık. Sonra beraber kaçtığım o arkadaşım mikrobiyoloji profesörü oldu. Bir seferinde Krepen Pasajı'nda Kadir'in Yeri'ne gittik. Sabahtan başladık. Şiir, edebiyat konuşuyoruz ve bir şeyler içiyoruz. Yan masaya takım elbiseli, beyaz saçlı bir adam geldi. O da içiyor. Meyhanede o saatte başka kimse yok tabii. Saat iki gibi masasından kalktı "Gençler, edebiyat konuşuyorsunuz, kulağıma çalınıyor, meyhanede kimse de yok, kabul ederseniz masanıza oturayım" dedi. Biz de "Tabii efendim, buyurun" dedik. "Ben Rıfat Ilgaz" dedi. Rıfat Bey, 12 Eylül sırasında

Cide'ye kaçmıştı, biz tanıştığımızda iki üç yıl sonra ilk defa İstanbul'a dönmüştü. Rıfat Bey bize Hababam Sınıfı'nı nasıl yazdığını, ilk eşinin psikiyatristliğini, sonradan verem olduğunu ve tüberkülozu anlattı. Bu olağanüstü bir şeydi tabii. Sonra imza günlerine mutlaka gittik. Asmalı Mescit'te Yakup vardı. Tomris Uyar'ın, ikinci yeni edebiyatçılarının takıldığı bir yerdi. Bir de onun dayısı Refik, Refik Meyhanesi'ni açmıştı, oraya da giderdik. Bunlar önemli, adabıyla oturulup kalkılan güzel meyhanelerdi.

1986'da tıp doktoru oldum ve Konya'ya mecburi hizmete gittim. Bu sırada beyin cerrahisini kazandım. Evlenmiştim, kızımız doğdu. Altı yıl ihtisas yaptım. 1992'de beyin cerrahı oldum ve uzmanlığımı aldım. İkinci mecburi hizmeti eşimden dolayı İstanbul'da yaptım. Bu arada Bakırköy Ruh ve Sinir Hastalıkları Hastanesi'nde çalıştım. Ardından Amerika'ya gittim ve bir yıl Arizona'da kaldım. Sonra yıllarca Çapa'da çalıştım ve akademik kariyer yaptım. 1999'da doçent, 2006'da da profesör oldum. Akademik kariyer uzun bir yol. Ben baştan beri beyin damar hastalıkları ve beyin tümörleri ile ilgilendim. Kendimi beyin cerrahisinin bu alanlarında geliştirdim. Türk Nöroşirurji Derneği başkanlığının yanı sıra, derneğin eğitimle ilgili birçok komitesinin başkanlığını da üstlendim. 2017 yılından beri Dünya Nöroşirurji Dernekleri Federasyonu (WFNS) Serebrovasküler Hastalıklar Komitesi, 2018'den beri de Akdeniz Nöroşirurji Derneği Eğitim Komitesi Eş Başkanı olarak görev yapıyorum. Böylece hem ulusal, hem uluslararası alanda tanınırlığım oldu. Küba'ya, Meksika'ya davet edildim, ameliyatlar yaptım. Dünyanın çeşitli yerlerinde mesleğimle ilgili konuşmalar yapıyorum. Ayrıca biraz denize, biraz yazmaya zaman ayırmaya çalışıyorum, T24 internet haber sitesinde yazıyorum.

Beyin cerrahı olmak bir ayrıcalık. Dünyada toplam elli bin beyin cerrahı var. İçlerinden yirmi bini beyin ameliyatı yapıyor olsa, bu yedi buçuk milyar insan içinde yalnızca yirmi bin kişinin insan beynine dokunma ayrıcalığı olduğu anlamına geliyor. Onun için de çok iyi olmak, çok çalışmak zorundasınız. Şu an imkânlar daha fazla. Bir ameliyat yapmak istiyorsanız veya asistansanız, şimdi YouTube'da bununla ilgili birçok video izleyebiliyorsunuz. Biz ihtisas yaparken ancak bir gözleme tüpü vardı, oradan o kötü görüntüyü izlemeye çalışırdık. Şimdi her şeyi üçboyutlu bile izleyebiliyorsunuz ameliyathanede. HD, 4K pırıl pırıl bütün ayrıntılar. İmkânlar iyi ama yine de hem çok çalışmak, hem çok okumak zorundasınız.

Ameliyat teknik ustalık, deneyim gerektirir ve insan zaten bu işe baş koyduysa bu ustalığı sağlamak zorunda. Aksi halde hiç yapmamalı. Herkes usta olamaz belki ama belli bir standart seviyeye gelebilir. O standart seviye genelde yeterli oluyor. Bizim bazen on, yirmi saat süren ameliyatlarımız olur. Bu bana hiçbir zaman zor gelmedi. Mesleğimin bana zor gelen asıl yanı insanlara hastalıklarını anlatabilmek. Özellikle de bu kötü huylu bir tümör ise ölüm riski olan durumlar söz konusu olabiliyor. Ben yıllardan beri hekimim, her türlü hastalığı gördüm, her türlü ameliyatı yaptım. Ama başında tümör olan insan için bu yeni bir şey. Düşünün, normal bir hayat sürüyorsunuz, akşam arkadaşlarınızla oturup yemek yemişsiniz, çocuğunuz okula gidiyor, kendinize göre bir hayat planınız var, yılbaşında bir yere tatile gideceksiniz veya başka şeyler yapacaksınız. Sonuçta bir hayat yaşıyorsunuz. Başınız ağrıyor veya bir nöbet geçiriyorsunuz. Ardından bir film çektiriyorsunuz ve kafanızda bir şey çıkıyor. Dehşet içinde odama geliyorlar. O dehşeti yüzlerinden okuyorum. Sert bir doktor değil de daha babacan, şefkatli, daha insancıl olmaya çalışıyorum ama bunu anlatmak zor. Bir insana bir sene sonra öleceksin nasıl dersiniz? Amerika'da bunu direkt söylerler yaşam şansın şu kadar diye. Ben bunu tercih etmiyorum çünkü bu bilgi yıkıyor insanları. Ayrıca hiçbir şeyin garantisi yok. Biz insana ömür biçemeyiz. İstatistikler var ama o istatistiklere uymayanlar da var. Eğer çok kötü huylu bir tümör ise "Bakın bu bir mücadele, bir maraton ve bunu beraber koşacağız, zaman zaman düşüp, kalkacağız" gibi yumuşak bir şekilde anlatıp sakinleştirmeye çalışıyorum hastalarımı.

Bir hekimin en önemli özelliklerinden biri dürüst olması. Ameliyat ediyorsanız önceliğiniz o insana bir zarar gelmemesi. Her tümör çıkar ama zarar gelecekse bir yerde durmayı bilmek lazım. Bu zor bir denge.

Galata Kulesi dibindeki restoran ve kafelerde hareketli bir gün.

İçinden bir parça alıp çıksanız o zaman da ameliyatı yapmamış olursunuz. Hem çok iyi yapıp, hem de zarar vermemek hassas bir denge. Siz birini ameliyat ederek bir insanın beden bütünlüğüne zarar veriyorsunuz. Kendinize sürekli "bu ameliyat gerçekten bu hastaya gerekiyor mu, ben kendim olsam ya da bu kişi annem olsa bu ameliyat yapılsın ister miyim?" diye sormanız lazım. Etik burada devreye giriyor. Ameliyatın tüm sorumlusu, ekibinden biri bir hataya neden olmuşsa bile cerrahtır. Ben hep kendim için ne düşünürsem, hastaya da onu yapmaya çalıştım. Ne kadar çok ameliyat yaparsanız o kadar çok kazanabilirsiniz ama ben ne kadar az yapsam o kadar iyi diye bakıyorum. Keşke ameliyatlık bir şey çıkmasa. Bu anlamda tıp herhalde kendi aleyhine çalışan tek meslek. Hastalıkları yok etmeye çalışıyorsunuz ama aslında mesleğiniz hasta olduğu zaman var, hasta yoksa yok. Bir yandan zaten olmasın istiyorsunuz, olmasın diye araştırmalar yapıyorsunuz. Etik bu yüzden çok önemli.

Etik konusu akademiyi de çok ilgilendiriyor. Ne yazık ki 12 Eylül başımıza YÖK diye bir üst denetim mekanizması getirdi ve birçok şeyi YÖK belirler oldu. Halbuki üniversiteler bağımsız olsa bilim açısından daha iyi olur. YÖK'ün getirdiği en büyük yanlış akademi yükseltme kriterini yayın sayısına bağlamak oldu. Bu yüzden çok sayıda niteliksiz yayın yapılmaya başladı. Ben mesela kendi yayımlarıma baktım. Bunları sağlamışım da, ne katkı yapmışım dünyaya? Bu kadar hayvan kesmişim. Bir kısmına bakınca pek de faydası olmamış bilim dünyasına diye düşünüyorum. En azından hepsi dürüsttü. On sıçan üzerinde deney yapıp da elli sıçan üstünde yaptım yazmadım. Ama bunlar da olmaya başladı, hatta hiç yapmadan desktop publishing dediğimiz, masa başında kotarılan işler türemeye başladı. Halbuki bir yayın yaparsınız, mesela izafiyet teorisini ortaya koyarsınız, o binlerce yayına bedeldir. İlla yüz yayın yapmanız değil, yayımladığınız şeyin niteliği önemli.

Türkiye'de son zamanlarda önemli bir dert var. Sağlık çalışanlarına karşı şiddet aldı yürüdü. Hekimler işlerini yapamaz oldular çünkü korkuyorlar. Kaç hekim arkadaşımız öldürüldü. Geçen gün trajikomik bir olay oldu. Adam, ölmüş babasını morgdan çıkarıp başka hastaneye götürdü, "buna kalp masajı yapmanız lazım" dedi. Adam silahlı ve yapacaksın diyor. Ben Türk Nöroşirurji Derneği başkanıyken Türkiye'deki senarist ve yapımcılarla toplantı yaptım. Dizilerde sağlık çalışanlarına şiddet göstermeyin dedim. Bir olay oluyor, doktoru yakasından tutup sallıyor adam filmde. "Ama bu hayatın bir gerçeği" diyorlar. Hayır, bu yanlış bir gerçek, bunu doğallaştırmayın. Ya da biri doktoru sarsıyorsa, sevilen başrol oyuncusu da "bir dakika, ne yapıyorsun sen, bak o senin için çalışıyor" desin mesela. Toplumu eğitmek için böyle bir şey, bunun için uğraştım ama ne kadar yeterli? Mesela bir dizide bir mafya babası kalp krizi geçiriyor. Doktorlar uğraşıyor, kurtaramıyorlar. Adamın çalışanı silahlı geliyor, silahı çekip "uğraşacaksınız yoksa siz ex olursunuz" diyor. Doktorlar bir daha kalp masajı yapıyorlar ve adam yaşıyor. Böyle mesaj verilir mi?

Bende öğrenme merakı var. Her şeyi okumaya çalışırım. Çizgi romandan, romana. Son zamanlarda denizle ilgili kitaplar okuyorum. Latin Amerika edebiyatını çok sevdim hep. Julio Cortázar çok sevdiğim bir yazardır. Márquez, Borges... Bizde de İkinci Yeni şairlerinden etkilenmişimdir. Cemal Süreya, Ece Ayhan gibi. Nâzım'dan etkilenmemek de mümkün değil. Latin Amerika edebiyatında biraz gerçeküstü

ile gerçeği birleştirirler. Aslında materyalist bir insanım ama o mistik vurguyu seviyorum. Gerçeküstü hava hoşuma gidiyor. Bilmediğimiz şeyler var tabii ki. Rüya nedir, şans nedir bilmiyoruz. Zaten bu koskoca evrende yalnız burada hayat olması da çok tuhaf, pek olacak bir şey değil. Bakınca bizim güneş sistemimiz orta boy bir galaksinin epey bir kenar mahallesinde. Galaksinin merkezinde bile değiliz niye evrenin merkezi biz olacakmışız. Bilmediğimiz şeyler mutlaka var ve bu eminim kutsal kitaplarda yazıldığı gibi değil. Ben resim sanatına çok meraklıyımdır. Rönesans'a, İncil'de geçen hikâyelere özel bir ilgim var. Bu nedenle kutsal kitapları okudum. Bütün peygamberler birbirinin akrabası. Niye babadan oğula geçmiş ki peygamberlik?

Kendime değil geçmişe, mesela Dostoyevski'ye bakıyorum. Mum ışığında neler yazmış. Marx'a, Marx'ın yazdıklarına bakıyorum, onun okuduklarına insan yetişemez. Rönesans insanlarına bakıyorum, olağanüstüler. Yani aslında insanın büyük bir potansiyeli var ve o potansiyelin çok azını kullanıyoruz. Zaten depresif bir dünyada ve iki katı depresif bir ülkede yaşıyoruz. Öfke, şiddet gittikçe yükseliyor. İnsanlar kabuğuna çekiliyor ve potansiyelini çok az kullanıyor. Kapitalist sistemin iş anlayışı da insanları köreltiyor. Çok uzmanlaşıyorsunuz ve

Bereketli sularıyla Golden Horn (Altın Boynuz) olarak da bilinen Haliç.

o alanda Taylorcu prensiplerle ne kadar üretebilirim, ne kadar kâr yapabilirim kaygılarına yönelik bir sistematiğin içine oturuyor insanlar. Yaratıcılıklarını kullanamıyorlar. Böylece yavaş yavaş yapabileceklerinin çok azını yapar hale geliyorlar.

Ben kendi hayatımda hep bunun dışında olmaya çalıştım. Hayal etmek lazım. İnsanı en canlı tutan şey hayal etmek ve hayallerini gerçekleştirmeye çalışmak. Şu an 58 yaşındayım ve hayatımda en çok istediğim şeylerden biri bu ülkenin çocuklarına rol modeli olmak. Tuhaf ama bakıyorum da ülkemizde mesela "Kurtlar Vadisi"ndeki karakteri rol modeli alıyorlar. Ben hayatın her alanında Everest'e çıkmayı hayal ettim mesela. Önemli olan bu hayallerin en üst noktada olması. Beyin cerrahı oldum, en üst noktayı hayal ettim. Denizci oldum en üst noktayı hayal ettim. Yapabiliyor muyum? Bazen yapabiliyorum, bazen Ağrı'ya çıkıyorum. Ağrı'ya çıkmak da önemli bir şey. Bazen Everest'i hedeflerken daha küçük Tendürek Dağı'na çıkmış oluyorum. Yani ben yüksek hayaller kuruyorum çünkü illa tutturmak istediğim bir hedef yok. Şimdi kitap yazıyorum. Yazdığım birkaç şey var onlar yayımlansın istiyorum. Yacht Türkiye dergisinin yazarıyım. Burada yazdığım şeyler bir kitap olma aşamasında. Bir tanesi tıpla ilgili anılarım, onu yavaş yavaş yazıyorum. Bir tanesinde çok iddialıyım, ütopya yazıyorum. Hem de İstanbul ile ilgili. T24 haber sitesinde de yazıyorum düzenli olarak. Bir de denizcilik yanım var. Orada da Kuzeybatı Geçidi'nden geçmek gibi zor birtakım işler yapmak istiyorum. Bunları yapabilirsem bu ülkede yaşayan bir çocuk görüp diyecek ki "Vay be, adam beyin cerrahı olmuş, kitap yazmış, Kuzeybatı Geçidi'ni geçmiş, demek ki bunlar mümkün. Ben de o zaman Jüpiter'e gitmeyi hayal edeyim." Biraz öyle bir hevesim var yani.

Bunların hepsi başka keşifler getiriyor. Bir gezegende yaşadığımızı ben denizci olana kadar tam manasıyla fark etmemiştim. Denize çıkınca birdenbire doğuyu, batıyı anlıyorum. Mesela İstanbul'da yolda durduğum yerde şurası doğu, burası batı diyemem. Ama denizde onunla yaşıyorsunuz, rüzgârın yönünü fark ediyorsunuz, çünkü denizdeyseniz bu yaşamsal. Buluta bakıp, aya bakıp bir gezegende yaşadığınızı anlıyorsunuz. Yoksa kabaca "Türkiye'de yaşıyoruz orada da Suriye var" gibi düşünüyoruz. Aslında niye var ki sınır? Olmasın daha iyi. Bir nehir geçiyor diye sınır mı olması lazım? Bir gezegende yaşıyoruz işte hep beraber.

Yaşamımı, evliliğimi, her şeyi sorguladığım bir dönem yaşarken bir şekilde Antarktika'ya ve Grönland'a gittim. Zaten istediğim bir şeydi. Uç coğrafyalar, uç işler... Grönland'da, Kuzey Buz Denizi'nde kano yaptım. Hayatımda hiç kano yapmamıştım. Sonra Antarktika'ya gittim. O daha farklıydı, çünkü Grönland'da kanoyla bile olsa ulaşılabilir bir durum söz konusuydu. Antarktika'da Drake Pasajı'nı geçtikten sonra, ki çok zor bir geçiş, geri dönmek isterseniz geri dönebileceğiniz bir durum yok. Ölüyorum bile deseniz o tekneyle geldiniz, o tekneyle döneceksiniz. Ben bir ay kaldım. Giderken müthiş fırtınalar vardı ve dönüşte ne olacağı da hiç belli değildi. Ben kaderciyimdir, hiçbir şeyden korkmam, ona rağmen beni biraz depresif bir ruh haline soktu. Ama asıl önemlisi orada değişik insanlarla tanışmış olmam. Yeni Zelandalı bir avukat, İngiliz bir mühendis, Amerikalı, genç bir IT'ci... Biz beyin cerrahları olarak kendimizi bir şey zannediyoruz ama bir baktım, Antarktika'da hiçbir şey değiliz, bir zerreyiz sadece. Buz tırmanıcıları var örneğin... Oturup sohbet ediyoruz; sonra birden biri sırtında kayak Antarktika'da buzlara tırmanıyor, oradan aşağı iniyor... Müthiş insanlar var dünyada. Tipinden hiç akıl edemeyeceğiniz insanlar. O kadar da mütevazı oluyorlar ki, "biz Antarktika'da buz tırmanıcısıyız" demiyor. Öyle bir şeye de ihtiyacı yok, zaten yaptığı şeyi övünmek için değil kendisi için yapıyor.

Onlardan çok etkilendim. Gelince bütün kravatlarımı, takım elbiselerimi attım. "İstediğim gibi yaşayacağım" dedim. Kalan hayatım ne kadarsa bundan sonra kimseye bir şey ispatlamak zorunda değilim, kimse için bir şey yapmak zorunda değilim. Beş dakikam bile değerli ve o beş dakikamı dahi istemediğim bir şekilde geçirmek istemiyorum. Bana göre olumlu anlamda değiştim çünkü hayata daha tevazuuyla bakmaya başladım, belki de dünyanın biraz daha bilincine vardım. Çok okuduğum ve bir sürü şey bildiğim için aslında hep ukala bir yanım vardı. İnsan bir şekilde onu kullanmak istiyor, o da o ukalalığı doğuruyor. Sonra biraz daha kendime ve gezegene dönük, çocuklara bir şeyler vermeliyim hedefine yönelik bir düşünce gelişti. TEDx bir şekilde kızımın bir arkadaşı sayesinde bana ulaşmış. TEDx konuşmaları o şekilde başladı. Okullara gidiyorum, birtakım kurumsal yerlerden konuşma istediklerinde Çağdaş Yaşamı Destekleme Derneği'ne bağış yaparsanız gelirim diyorum.

İstanbul'la olan ilişkim de zaman içinde epey değişti. Uzun zamandır Taksim bölgesinde yaşıyorum. Hayatımın bir aşamasında düşündüm ki, "Bu şehrin payitahtı burası, İstanbul'da yaşıyorsam, burada olmalıyım" gibi bir düşünce... Fakat maalesef artık her taraf başka bir kültür tarafından işgal edildi gibi bir duygum da var. Ama hayat dinamiktir. Her şey değişecektir eninde sonunda.

Günbatımında, Eminönü rıhtımından Süleymaniye Camii.

İlk 3

İSTANBUL FAVORİM

1

Beyoğlu Balık Pazarı

"Çiçek Pasajı'nın yanı başındaki balık pazarından balık yumurtası, lakerda ya da isli balık alacaksanız iki adres vardır: Biri Reşat Balık Market, diğeri ise Kardeşler Balıkçısı." Balık Pazarı'nın üzerinde kurulduğu Sahne Sokak, bir zamanlar Çiçek Pasajı'nın yerindeki Naum Tiyatrosu'ndan dolayı bu ismi almış. Birkaç asırdır bu sokağı mesken tutmuş balık pazarındaki balıkçı sayısı şimdilerde çok azalmış ve yerini hediyelik eşya tezgâhlarıyla restoranlara bırakmış olsa da hâlâ balık pazarı etrafında geleneği sürdüren mekanlar mevcut: İstanbul'un en ünlü şarküterisi Şütte'nin ilk şubesi, Üç Yıldız Şekerleme ve Cumhuriyet Meyhanesi bunlardan birkaçı.

2

İstanbul Rahmi M. Koç Müzesi

"Sadun Boro'nun dünya turuna çıktığı Kısmet yelkenlisiyle Osman ve Zuhal Atasoy'un okyanusları dolaştığı Uzaklar yelkenlisi de burada sergilenenler arasında."
Türkiye'nin önde gelen sanayicilerinden Rahmi Koç'un mekanik ve endüstriyel objeler ile klasik arabalara olan tutkusundan doğan bu koleksiyon, gün geçtikçe zenginleşerek günümüzde Türkiye'nin en etkileyici özel müzesine dönüşmüş durumda. Haliç kıyısındaki eski bir tersane binasından dönüştürülen müzede, Sultan Abdülaziz'i Avrupa turuna çıkarak süslü tren vagonundan bir şehir hatları vapuruna ve denizaltıya kadar sıra dışı araçlar ve objeler sergileniyor.

Hasköy Cad. No: 5, Hasköy, Beyoğlu - 0212 369 66 00
www.rmk-museum.org.tr
Pazartesi hariç her gün, hafta içi 09:30 – 17:00, hafta sonu ise kışın 09:30-18:00, yazın 09:30-19:00 arası açık.

3

Nardis Jazz Club

Türkiye'nin önde gelen caz müzisyenlerinden Önder Focan ve eşi Zuhal Focan'ın 2002'de kurduğu mekân, Türkiye'nin en istikrarlı ve aktif caz kulübü. Galata'nın eski binalarından birinde, Türkiye'nin genç caz müzisyenleri için adeta bir okul işlevi gören mekân, son yıllarda dünyanın önemli cazcılarını da ağırlıyor.

Kuledibi Sok. No: 8, Galata, Beyoğlu
0212 244 63 27
nardisjazz.com

Talat Kırış'ın İstanbul'u

"Amerika'da kalabilirdim ama Arizona'yla İstanbul kıyas kabul etmez. Yaşayacağım bir hayat varken, elimde İstanbul gibi bir şehir varken, ne diye başka yerde yaşayayım ki?"

Doğu ile Batı Arasında

İSTANBUL

"İstanbul müthiş bir kent. Dünyayı epey gezdim, birçok yerde bulundum ve yaşadım. Bu şehrin çok farklı yanları var. Yüzü Doğu'ya ve Batı'ya dönük kısımları var. Amerika'da kalabilirdim ama sonra düşündüm: İstanbul ile Arizona ile kıyas kabul etmez. Yaşayacağım bir hayat varken, elimde İstanbul gibi bir şehir varken, ne diye başka yerde yaşayayım ki? Bu yüzden geri döndüm."

Şehrin Sahilleri

BAKIRKÖY, ADALAR & HALİÇ

"Bir defa İstanbul'un içinden deniz geçiyor. İçinden nehir geçen çok şehir var ama deniz geçen yok. Sonra birçok sahili var İstanbul'un. Bakırköy, Adalar, Kadıköy, Haliç, Boğaziçi... Bu kadar çok sahili olan bir şehir de az bulunur. Sonra müthiş bir tarih var. Şurası Galata Kulesi işte. Her geçişte bakıyorum. Cenevizliler bin yıl önce aynı sokaklarda dolaşıyorlarmış ve bu kuleyi yapmışlar. Çok özel bir duygu."

Benim Mahallem

BEYOĞLU

"Epeydir Beyoğlu'ndayım. Burada yaşamaya başladığım zamanlar Beyoğlu daha güzeldi. Bir sinema festivali olur, Emek Sineması, Alkazar dolup taşardı. Şimdi yine festivaller var ama eski tadında değil. Üstelik tarihi Emek Sineması da yok oldu!"

İstanbul Lezzetleri

PETEK BÜFE

"Galata Kulesi'nin dibindeki bu yere tost yemeye giderim." 1971'de İsmet ve Kadir Yelkenci kardeşler tarafından kurulan ve şimdi ikinci kuşak tarafından işletilen, şubeleşmeye karşı durarak kalitesini korumuş küçük bir mekân.

Büyük Hendek Cad. No:7/A,
Kuledibi, Beyoğlu
0212 243 78 22
www.petekbufe.com.tr

LADES RESTAURANT

"Aynı sokak üzerinde karşılıklı iki şubeleri var. Biri sadece menemen yapar, diğeri de usulüne uygun geleneksel ev yemekleri. Beğendili tandır kebabı müthiştir!"

1969'da önce Tarlabaşı Caddesi üzerinde muhallebici olarak açılan mekân, zamanla Türk mutfağı spesiyalitelerinde de uzmanlaşmış. Basit alüminyum sahanlarda yapılan menemenine de doyum olmaz.
Katip Mustafa Çelebi Mah. İstiklal Cad. Sadri Alışık Sok. No: 14/A, Beyoğlu
0212 251 3203
www.lades.com.tr

MAHKEME LOKANTASI
"Galata'dan aşağı inerken karşınıza çıkan, Cenevizliler ve Osmanlı döneminde mahkeme olarak kullanılmış bir binadaki bu lokantanın atmosferini çok seviyorum. Karaköy'ün Perşembe Pazarı'nın hemen arkasında, Arap Camii'nin yanında hâlâ o eski havayı bulmak mümkün."
Meyhane menüsü servis edilen mekânda, gruplar fasıl ve canlı müzik eşliğinde oda da kiralayabiliyor.
Perşembe Pazarı Cad. No:14, Beyoğlu - 0212 255 32 55
Pazartesiden cumartesiye 12:00 – 16:00 ve 18:00 – 24:00; pazar günleri ise 18:00 – 24:00 arası açık.

GALATA KITCHEN
"Öğle yemekleri için ev yapımı tencere yemekleri."
Galata'nın en sessiz sakin sokaklarından birinde, yazın dışarı atılan masalarıyla servis veren samimi bir mekân.
Tatar Beyi Sok. No: 9, Galata, Beyoğlu - 0212 252 20 22
www.facebook.com/galatakitchen
Pazar hariç her gün, 12:00 – 22:15 (cumartesi günleri 13:00 – 22:15) arası açık.

MEŞHUR FİLİBE KÖFTECİSİ
"Cağaloğlu'na doğru çıkarken sol kolda nefis Filibe Köftecisi vardır. Yalnız öğlenleri çalışır ve sadece köfte piyaz yapar."
1893'te Bab-ı Ali Yokuşu'nda bir Bulgaristan göçmeni tarafından açılan lokanta, 2016'da tarihi mekânından ayrılarak Hocapaşa Mahallesi'ndeki yeni yerine taşındı.
Tarihi Hocapaşa Lokantaları Sok. No: 3, Sirkeci - 0212 519 39 76
www.meshurfilibekoftecisi.com
Pazar hariç her gün 11:00 - 21:00 arası açık.

CİBALİKAPI BALIKÇISI

"Balat'taki bu mekânı çok seviyorum. Sahibi Behzat Şahin, gazeteci ve aynı zamanda denizcidir."

2001'den bu yana Haliç sularını seyreden üç katlı binasının ahşap ağırlıklı dekorunda eski meyhane kültürünü yaşatan mekânın deniz ürünlü mezeleri bir hayli özel. Moda'da ikinci bir şubesi de bulunuyor.

Kadir Has Cad. No:5, Cibali, Fatih
0212 533 28 46 - www.facebook.com
www.cibalikapibalikcisi.com
Pazartesiden cumaya 12:30 – 24:00, cumartesi ve pazar ise 12:30 – 01:00 arası açık.

TARİHİ ALİ BABA BALIK LOKANTASI

"Kireçburnu'nda eski bir balık restoranı. Oradan yetişen garson Turgut ise Tarabya diye bir restoran açtı. Boğaz'da oralara sık giderim."

1920'den beri hizmet veren Ali Baba'da Boğaz'a nazır salaş bir ortamda, hâlâ makul fiyatlara balık ziyafeti çekebilirsiniz.

Haydar Aliyev Cad. No: 7, Kireçburnu, Sarıyer
0212 223 25 25

BURGAZADA

"Adadaki favorilerim, Antigone ve Barba meyhaneleri."

Burgazada, Prens Adaları'nın en sakini. Sait Faik Abasıyanık ile özdeşleşmiş adada, yazara adanmış bir müze ev de bulunuyor. Küçük yüzölçümüne rağmen adanın seveni ve meraklısı çok.

Gezginlerin Adresi

VARUNA GEZGİN CAFE

"Beni bu mekânla bir arkadaşım tanıştırdı. Eskişehir'de doğmuş. Şimdi Ankara ve İzmir gibi birkaç ilde daha şubesi var."

Kendilerini "gezmek için zengin olmak gerektiğine inanmayan, imkânsızı mümkün kılan bir grup gerçekçi hayalperest" olarak tanımlayan sahipleri, bu kafeyi ilk olarak Eskişehir'de, bir gezginler kulübü olarak açmış. Ülke bayrakları, sokak tabelaları, antika oyuncaklar ile eklektik tarzda döşedikleri şık pub konseptini İstanbul'a da taşımışlar.

Şahkulu Mah. Kumbaracı Yokuşu, No: 79, Beyoğlu - 0543 839 08 04
varunagezgincafe.com
Her gün 10:00 – 24:00 arası açık.

Kültürel Keşifler

BEYOĞLU KİTAPÇILARI

"Semtin kitapçıları bir başka. Eskilerden Denizler Kitabevi ve Pandora vardır. Tünel'in karşısında ise Kırmızı Kedi açıldı."

Denizler Kitabevi, denizcilik ve İstanbul tarihi üzerine kitaplar yayınlıyor ve satıyor; zaman zaman koleksiyonerlerin ilgisini çekebilecek müzayedeler düzenliyor. Pandora Kitabevi ise 1991'den bu yana yabancı yayınları takip edenlerin ilk adresi.

www.denizlerkitabevi.com
www.pandora.com.tr
www.kirmizikedi.com

Tarihi Yürüyüş Rotaları

KAPALIÇARŞI & SÜLEYMANİYE

"İstanbul Üniversitesi'nin önünden başlayan bir yürüyüş güzergâhım var. Sahaflar Çarşısı'ndan geçip Kapalıçarşı'ya girerim. İçinde Sandal Bedesteni vardır, orayı çok severim. Ya da Kapalıçarşı'ya girmeyip bakırcıların olduğu sokaktan aşağı, Süleymaniye Camii'ne doğru inerim. Orada mola vermeye değer kuru fasulyeciler vardır. Süleymaniye Camii'nde de imzası bulunan Mimar Sinan'ın türbesinin olduğu yerden aşağı doğru inerseniz, orası tam bir hercümerç içindedir. Mısır Çarsısı'ndan çıkarsınız Çiçek Pazarı vardır. Hayvan satılır, bitki satılır, tohumlar satılır... Lisede lale yetiştirmeye çalışıyordum, oradan lale soğanı alırdım."

SİRKECİ

"Tahtakale ve Doğubank İşhanı İstanbul'un hâlâ canlı alışveriş noktaları. Buralarda her tür elektronik eşya ve ıvır zıvır satılır. Oradan Yeni Camii'ye doğru geçerken Hacı Bekir vardır; babam beni demirhindi şurubu içmeye götürürdü. Bir de yuvarlak üzümlü bir pastası vardı. Saat satan dükkânların dizili olduğu o bölgede ise Kral Kokoreç kaçmaz!"

www.hacibekir.com
www.kralkokorec.com

Süleymaniye Camii'nin kubbe altı bezemeleri.

Şehrin yeni tasarım ve sanat merkezi olma yolundaki Tomtom Mahallesi.

"Burada doğmadım ama İstanbul'u çok seviyorum. Köprüden geçerken o kadar güzel görünür ki gözüme, nazar değmesin diye aileden gelen bir batıl inançla dilimi ısırırım! Çok büyülü bir şehir."

UFUK TARHAN

Fütürist – Ekonomist – Sivil Toplum Gönüllüsü

Görünenin Ötesi

Ufuk Tarhan ile: ODTÜ'de ekonomi okumaktan uzaylılara, Fütüristler Derneği'nden teknoloji, tasarım ve takım ruhunu birleştiren T-İnsan'a.

Anne tarafım Side'ye yerleşen Girit göçmenlerinden, baba tarafım da İzmir'e yerleşen Girit doğumlu Türklerden oluşuyor. Çocukluğum annem ve babam Antalya'da evlenip yaşadıkları için, ve tabii ben de orada doğduğumdan, daha çok Side'de, hem Türkçe hem Rumca konuşan, Helenistik Çağ tablolarından fırlamış kadar güzel, mavi gözlü, sapsarı saçlı anneanneler, teyzeler arasında geçti. Annem ve babam birbirlerine çok âşıklarmış ve dört çocuk yapmak istemişler. İsimleri üzerine de epey düşünüp Ufuk, Tan, Doğan, Güneş olsun demişler.

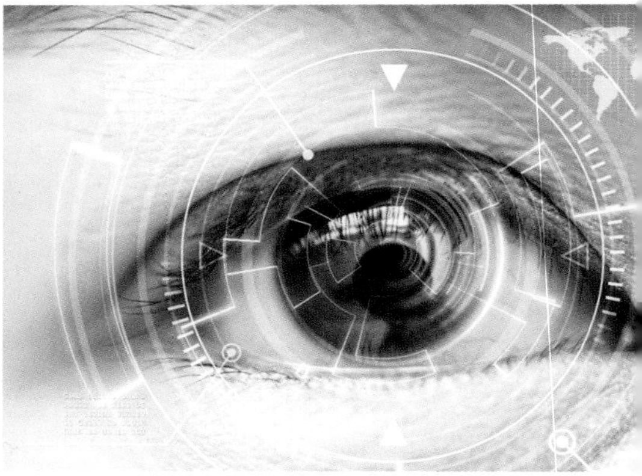

Hem birbirini tamamlayan hem de her iki cinsiyet için de kullanılabilecek adlar seçmişler. Bana ilk çocuk olarak Ufuk adını koymuşlar ama annemin hamileliği çok ağır geçmiş, ikinci doğumla birlikte dört çocuktan ve Tan isminden vazgeçmiş, kardeşimin adına Füsun deyip dört çocuk konusunu kapatmışlar.

Kardeşimle çok çalışkan öğrencilerdik ve oldukça sosyal bir ailede büyüdük. Ebeveynlerimiz iyi eğitim almamızı çok önemserdi. "Ders çalışıyoruz" dediğimizde akan sular dururdu. Babam hem elektrik hem de makine eğitimi almış başarılı, mesleğini çok seven bir mühendisti. Hep Karayolları'nda çalıştı. Emekliliğinden sonra kendi müteahhitlik şirketini kurdu. Hayatının sonuna kadar şantiye insanı olmayı, dağ tepe yol açmayı, enerji nakil hatları döşemeyi, ülkesini karış karış gezmeyi çok sevdi. Babamın işi yüzünden zaman zaman farklı şehirlerde yaşadık, çok seyahat ettik. Annem ev hanımıydı ama oldukça aktif, okumayı, öğrenmeyi çok seven, kendini müthiş geliştiren bir kadındı. Kitaplara, edebiyata, şiire, şarkılara, entelektüel birikimine çok önem verirdi. Sosyal zekâ ile ilintili yeteneklerimizi annem sayesinde kazandığımızı düşünüyorum. Babam için, herhalde biraz da mühendisliği nedeniyle, matematik, analiz, fizik gibi alanlar daha önemliydi. Benim zihnim de mühendisliğe daha yatkın olduğu için benimle deneyler yapar, ufak tefek alet edevat tamiri gibi şeyler öğretirdi. Kardeşiminse sanatsal yanı daha güçlüydü. Onlar da annemle bol bol şarkı söyler, şiir ezberlerlerdi.

Analitik yeteneğim güçlü olmasına rağmen, resim yapmayı da severdim. Karikatüre hâlâ çok meraklıyımdır. Karikatüristlerin zekasına büyük saygı duyarım. Akşamları uyumadan önce karikatür kitaplarına, çizmeyi öğreten sitelere bakarım mesela. Dünyada bir daha bir şey olmak istesem, kesinlikle karikatürist olmayı seçerdim. Çok isterdim onlar gibi çizip anlatabilmeyi. Yıllar önce ne sebeple olduğunu hatırlayamadım ama bana bir yetenek analizi yapılmıştı; orada beynimin sağ ve sol lobları neredeyse eşit çıkmıştı. "Senin hem yaratıcı tarafın hem sayısal, teknik tarafın güçlü" demişlerdi. Sanırım doğruydu da... Çünkü çocukken motor da yapardım, lamba da. Ayrıca çok okur, düşünürdüm ve hep bir şeyler yazardım. Kendini oyalayabilen, meraklı, hep aksiyon halinde bir tiptim. Çocukluğum o yüzden oldukça hareketli, keyifli geçti.

Babamla birlikte seyahat etmenin birçok avantajı oldu. Farklı yerlerde farklı arkadaşlar edinip oğlan çocuğu gibi hep dışarıda oynadığımızı hatırlıyorum. Bu sayede nereye girsem çabuk adapte oldum ve hiç zorluk çekmedim. Bana hâlâ "senin yıldızın herkesle çok barışık" derler, gerçekten de öyledir. Bunu bize annemin de kasıtlı olarak kazandırdığından eminim. Özenle yetiştirilmiş çocuklardık ama biz de sahiden çalışkandık. Teşekkürsüz, takdirsiz karnemiz yoktu. Devlet lisesinde okuduk, özel kurslar almadan başarılı öğrenciler olarak büyüdük.

Küçükken de büyürken de belirgin bir idolüm yoktu. Ancak büyüdükçe rol modellerimin hemen hepsi teknoloji alanındaki büyük âlimler, bilim insanları ve güçlü kadınlar oldu. Okuduğum, seçtiğim biyografilere göz attığımda bunu rahatlıkla söyleyebiliyorum. Güçlü, ayaklarının üzerinde sağlam duran kadınlar beni her zaman çok etkiledi. Bu bize kesinlikle annemizin aşıladığı doğal bir tutum. Annem gördüğüm en güçlü kadınlardan biriydi. Böyle güçlü kadın rol modeller dışındaki idollerim her zaman bilim, ilim ve teknoloji insanları oldu. Bilim teknolojide, kadınların sayılarının az olması beni çocukluğumdan beri hep üzmüştür... Daima somut bilginin, bilimsel ispatların, gerekçelerin peşinde olduğum için zaten pek güçlü olmayan dini inanç sistemim orta ikinci sınıftan sonra iyice sarsıldı. Biz ortaokuldayken din kültürü dersi seçmeliydi. Ben de 5N1K gibi sürekli soru soran bir çocuktum. Annem çok moderndi ama dinine de çok düşkündü. Kayıtlar sırasında anneme ve öğretmene "Neden din dersini seçmeliyim?" diye sorduğumda annem "duaları öğreneceksin ondan" dedi. "Duaların manası ne?" diye sordum. Öğretmenle ikisi birden beni bir güzel terslediler. "İyi bir şey işte, ezberlemelisin" dediler ama nedenini tam açıklayamadılar. Ben de "Girmiyorum o zaman bu derse" dedim. Çok kızdılar. Okul birincisi olacaktım, sırf bu yüzden okul ikincisi yaptılar. Zaten inanç sistemleriyle ilgili sorunum vardı, üstüne de Erich von Däniken'in Tanrıların Arabaları'nı okuyunca iyice hattan düştüm. Sonradan manevi bir tutunma ihtiyacıyla tekrar kendimce bir inanç sistemi kazandım ama o aralar zaten aklım fikrim uzayda, UFO'lardaydı. "Biz neyiz, galiba kesin uzaylıyız, niye bazı şeylerin yanıtı yok?" gibi düşüncelerle uğraşıyordum. Dünyanın görünen kısmından çok göremediğimiz, bilemediğimiz tarafları beni ilgilendiriyordu.

Bir de algılayabildiğimiz dünyanın küçücük olduğunu, aslında görebildiklerimizin çok ötesinde, daha büyük bir şeyler, bilgiler, sistemler, teknolojiler bulunduğunu o yaşlarımda bile derin derin düşünüyordum. Hayat bana çocukluğumdan beri aslında önceden planlanmış, ama bizim tesadüflerle yaşadığımızı zannettiğimiz müthiş bir teknoloji, muazzam bir düzenek gibi gelir. Uzun yıllardır, önümüzde apaçık görünenlerle değil, bildiğimiz şeylerle açıklayamadığımız bir başka yapının olduğu fikriyle yaşıyorum ve sanıyorum yalnız değilim. Yakın çevremde insanların algılarının giderek daha fazla açıldığını, farkındalığının arttığını gözlemliyorum. Ve bu çok hoşuma gidiyor, heyecanlanıyorum. Sessiz sedasız topyekûn bir evrim geçiriyormuşuz gibi geliyor. Bence insanlık angaryaları teknoloji yardımıyla üzerinden attıkça, giderek daha berrak düşünmeyi öğreniyor. Ya da gitgide hepimize bir ermişlik hali geliyor... Bilemiyorum ama her ne oluyorsa zamanın ruhuna uygun akmak, devinim içinde olmak güzel.

Üniversiteye gireceğim 1980 askeri darbesi öncesindeki yıllarda Türkiye çok karışıktı ve siyasi çalkantılar, derin bir ekonomik kriz vardı. Hiç unutmuyorum, o yıllarda ekonomist Atilla Karaosmanoğlu Amerika'dan Türkiye'ye kurtarıcı olarak gelmişti. Henüz "ekonomist" mesleğini pek kimse bilmiyordu. Pek çok kişi ekonomistliği, Karaosmanoğlu sayesinde duydu. Bu isimde bir meslek bana da çok havalı, çok değişik geldi. ODTÜ'de okumaya zaten kesin karar vermiştim, baktım ekonometri bölümü ODTÜ'de de var, "ekonomist olayım bari" diye ilk tercihime yazdım ve kazandım. Analitik tarafım ekonometri sayesinde biraz tatmin oldu ama aslında benim gerçekten mühendislik okumam gerekiyormuş. Bunu sonraki yıllarda iyice anladım. Bir de talihsiz bir zamanda girdim ben ODTÜ'ye. Hazırlık sınıfında okurken dokuz ay kapandı okul. Bizim dönemimiz boyunca hiç mezuniyet töreni yapılmadı mesela. Bizim dönem mezun olurken ilk kez tekrar törenlere izin verdiler. Okulda çok kıymetli hocalarımız vardı. Çok ödev verirlerdi. Sınavlar kitap, defter açık yapılırdı. Gerçekten öğrenmen ve iyi anlaman gerekiyordu. Bu da benim merakımı, yani bir şeyleri deşerek, araştırarak yapma arzumu güçlü bir şekilde tetikledi. Bir de kütüphanesi müthişti. En çok etkilendiğim yer orasıydı. ODTÜ'de şöyle düşünmeyi öğrendim: "Bu konu, bu soru benim aklıma geldiyse, bunun mutlaka bir cevabı var ve demek ki ben de bunu bulabilirim. Demek ki yapılabilecek bir şey ki önümüze konuluyor."

Bu imkânsız gibi görünen şeylerle mücadele etme cesaretini ODTÜ'den aldım. Çünkü hocalarımız gerçekten zorlarlardı... Mutlaka öğrenmemizi, anlamamızı isterlerdi. Üniversitede başıma gelen bir olaydan bahsedeyim, hocaların yapısını anlayın... Benim el yazım çok çirkindi. Sınavlardan sonra kâğıdımı hocalar "Şunu doğru dürüst yaz da gel" diye kapılarına asarlardı. Arkadaşlarım da "Oh ne güzel bilemediklerini doldur aralara şimdi" diye takılırlardı. Ben tabii ki bana bu olanağı sağlayan hocalarımın güvenini bir kez bile sarsmadım. Yanlış yaptığım soruları da aynen yanlış haliyle temize çekerdim. Bir gün yine öyle yukarıya çağırıldım. Bir baktım hocalarımdan biri bir duyuru asmış. Okulda görme engelli arkadaşlarımız vardı. O zaman bu konuda çok kaynak da olmadığından onlara okutmanlık yapacak birini arıyorlardı. Ben hemen olur dedim ve bölümde öğrenci asistanı olarak çalışmaya başladım. Yardımcı olduğum görme engelli arkadaşlarımın kütüphaneden aldıkları kitapları, ders notlarını onlara okuyordum. Böylece ben de her dersi iki kez çalışmış oluyordum. Onların son derece sınırlı imkânlarla, engelleriyle üstelik bizim gibi her şeye şikâyet etmeden okumalarından, çok da iyi bir dereceyle mezun olmalarından müthiş etkilenmiştim. Demek ki imkânsız diye bir şey yok. "Araştırırsan bulursun, gayret edersen yaparsın" gibi bir öğretiyi bana ODTÜ kazandırdı. Bana öğrettiği en önemli şey de buydu sanırım.

1982'de üniversiteyi bitirir bitirmez evlenip İstanbul'a geldim. O zamandan beri de İstanbul'dayım. İlk eşimle üniversitede flört etmeye başladık. O benden bir sınıf üstteydi. Okulunu bitirince benden önce gelip aile işini kurdu. Sonra ben de taşındım. Kızım 9 yaşındayken ayrıldık. Ardından on yıl yalnız yaşadım. 2003 yılında da ikinci eşimle evlendim. Pek evlenesim de yoktu aslında. Hiç flörtöz bir insan değildim, "senin feminen yanın eksik" derler hep. Hatta eşim "sen doğarken Allah sana şöyle bir bakmış; bunu kız mı yapayım, oğlan mı diye sormuş, son anda kız yapmaya karar vermiş" diye takılır bana. Daha çok erkeklerle ilişkilendirilen davranış biçimleri sergilediğim söylenir. Katı bir insan asla değilim, duygusal bir tarafım da var. Sevgi dolu bir insanım ama çok realist, direkt ve duygularla işi net ayıran biriyim. Belki bu yüzden öyle söylüyorlar...

Evlenmeden önce kısa bir çalışma hayatım olmuştu. Bilgisayar yok, her şeyi elle sayıp, stok tutturmaya çalışıyorsun. Aşırı monoton ve tamamen hamaliye. Bütün gün yaz, tablo çiz, ürün say, yaz. Hiç sevemedim ve pat diye istifa ettim. "Ben iş hayatını sevmiyorum, üç dört çocuk yapıp, çocuk büyüteceğim, onlar büyüdüğünde bu çalışma konusuna tekrar bakarım" diyordum. Ancak umulmadık bir şey oldu ve bende bir rahatsızlık çıktı. Bir türlü hamile kalamıyordum. O yüzden de ciddi psikolojik sorun yaşadım. Çocuğu kafaya takmıştım. Doktor bir türlü çare bulamayınca delirmeyeyim diye beni ite kaka bir işe yerleştirdiler. O sırada Epson yazıcıları ve kişisel bilgisayarlar da Türkiye'ye girmeye başlamıştı. Bir ekip kuruldu, tesadüfen içinde de Türkiye'nin ilk bilgisayar mühendislerinden biri olan bir arkadaşım vardı. "Sen de gel, bak yeni bir alan açılıyor" dedi ve ben işe başladım. Giriş o giriş. Yazıcı ile başladık, sonra bilişim sektörünün oluşmasına katkıda bulunacak pek çok ürün getirdik, yazılım yaptık, projeler geliştirdik. Çok keyifli, heyecanlı profesyonel iş hayatım 20 küsur sene sürdü. Teknolojinin ne olduğunu anbean gördüğüm, müthiş keyif aldığım yıllardı. Şu an bize normal gelen her şeyin online'a kaydığı bu günlerde bize normal gelen teknolojilerin tohumları aslında o yıllarda atılmıştı. Ta o zamanlarda video konferans ve telekomünikasyon sistemlerinin ilk örneklerini deniyorduk. Ancak hem çok pahalılardı hem de iletişim altyapısı henüz bugünkü gibi değildi. Bağlantılar çok zor yapılıyordu. Telekom henüz özelleşmemişti, o yüzden ikide bir hatlarımızı kapatıyordu. Tam o sırada dayım Trakya'da büyük ölçekli tarım işine girmişti ve bana "gel, bizimle çalış, sağ kolum ol" deyip duruyordu. O kadar bunalmıştım ki plazadan indim, çiftçi kıyafetleri giyip traktör üstüne çıktım. Tarlalara daldım. Tarımın da aslında teknolojiye ne kadar açık olduğunu orada tecrübe ettim. Fakat kısa sürede anladım ki bu tür işleri yapmak için çiftlikte, toprağının başında olmak gerekiyor. Uzaktan ofis işleri gibi yürütülebilecek şeyler değil. Sekiz ay sonra tekrar teknoloji sektörüne döndüm ve bu sefer de belki de bugünkü blockchain'in yollarını açan, aracıları ortadan kaldırmayı hedefleyen bir iş yaptım: Tüm ilaç depolarını ve ilaç şirketlerini direkt olarak bağlayacak büyük sistemin başına geçtim. İlaç lojistiği için çok önemli inovasyonlar yaptık. 1995 senesinden beri yaptıklarımın neticesinde 2002'de Dünya Gazetesi'nden Bilişim Sektörünün En Başarılı İşkadını Ödülü'nü aldım.

O ödülden sonra çalıştığım yıllar bence uzatmaları oynamak oldu ama tarım, hayvancılık, telekomünikasyon, sistem entegrasyonu gibi farklı alanlarda müthiş şeyler öğrendim. Tabii serde fütüristlik var, teknolojinin neden olduğu gelişmelerin bizzat içinde yaşıyorum, o za-

man bu dünyanın gidişini gelecekçi gözlüklerle inceleyen biri olarak "insanlara geleceklerini planlamaları" konusunda yardım etmek lazım dedim. Nihayetinde 2006'da kendi şirketimi kurdum. Şirketi kurmak için üç yıllık bir hazırlık dönemi geçirdim. Sabahları 03:00 gibi kalkıp önce kendi kurmak istediğim iş için çalışıyor sonra da güncel işime gidiyordum. Akşam 22:00 gibi uyuyup, beş altı saatlik uykularla idare ediyordum. Sabah erken kalkmak hiçbir zaman sorun olmadı benim için. ODTÜ yıllarımda da bunu fark etmiştim. Herkes sabahlardı, hatta sabahlamayan öğrenciye ODTÜ'lü denmezdi. Ama ben bunu katiyen yapamıyordum. Aksine, eve gelir gelmez uyuyordum ve sabaha karşı 03:00 gibi uyanıp çalışıyordum. Kendi işime hazırlık aşamasında "bana daha çok zaman lazım" diye düşününce okuldaki erken kalkma düzenini yeniden deneyeyim dedim. Birkaç kere alarmla kalktım, kendimi alıştırmam gerekti ama sonra hemen o düzene girdim. Uyku ve bünye ile ilgili çalışmalar derinleştikçe aslında herkesin uyku düzeninin, saatlerinin farklı olabildiği çıkmış ortaya. Ailemin çok az uyuyorum diye endişelenmesi yüzünden bir uyku merkezine gittim, kontrol ettiler ve "çok sağlıklı, gayet kaliteli uyuyorsunuz, sadece uyku saatleriniz farklı" dediler. Ama artık son iki yıldır yaşımın da istediği enerji ve onarımı vücuduma sağlamak için biraz daha uzun uyumaya çalışıyorum.

Otağtepe'nin nefes kesen Boğaz ve Fatih Sultan Mehmet Köprüsü manzarası.

2005'te Fütüristler Derneği kurulur kurulmaz yönetim kurulunda yer aldım ve Alphan Manas'la birlikte neredeyse eş başkanlık yaptık. Derneği büyüten ve fonksiyonlarını kuran kişinin ben olduğumu Alphan ve o yıllara yakından şahit olan tüm arkadaşlarım söylerler. Derneğin amacı, gelecek konusunu insanların farklı algılamasını, değerlendirmesini sağlamak gibi önemli bir misyonu kotarmaktı. Başarılı da oldu. Şu anda gelecek denmeden başlanan bir iş, konuşma, aksiyon söz konusu değil. O zamanlarda bu tamamen fanteziydi. Türkiye'de "benim işim fütüristlik" diyen, bu konuda girişimci olarak hizmet veren, bunu asıl işi olarak benimseyen, açıklayan ilk kişiyim. Benim iş olarak da, dernek olarak da yaratmaya çalıştığım şey fütürist bakış açısının anlaşılması, bunun kullanılması ve bilgiye dönüştürülmesi, birtakım projelerle gelecek planları, öngörüler oluşturulması ve raporların çıkmasıydı. Yani insanların geleceği kullanılabilir bir bilgi olarak edinmesini sağlayacak kanallar oluşturmaktı. Bunda da başarılı olduk sanırım. Türkiye'de özellikle eğitimli kesim fütürizmi duydu artık. Yaptığımız güzel şeyler sürdürülebilir olduğu için çok mutluyum: Genç Fütüristler'i kurmuştum, onlar çok aktif, Future Talks serisi var, Fütürizm Okulu var, Gelecek Günü var... Bir de T-İnsan kitabımı yazıp yayımladım. Kitabın dilini iyi oturtmak için yaklaşık dört sene uğraştım. Kitap, içindeki QR kodlarla kim bilir kaç sayfaya ulaşıyor, kaç video seyrediliyor... Buna da "arttırılmış okuma" diyorum. Nasıl olsa herkesin elinde telefon var. Kitapta kısa bir bilgi verip, okuru oradan yönlendiriyorsunuz. T-İnsan'ın e-kitap ve sesli kitap versiyonları da var.

2006'da M-GEN Gelecek Planlama Merkezi'ni kurdum. İlk yıllarda şirketlere gelecekle ilgili strateji geliştirmek gibi alanlarda hizmet veriyordum. Yaptığım şeye "iş avatar'lığı", "iş tasarımı" da diyebiliriz. 2009'da planladığım Bahçeşehir Üniversitesi'nin CO-OP projesi de buna ilk örnektir. CO-OP sayesinde öğrenciler okurken çalışıp gerçek iş deneyimi kazanıyor, aldıkları dersler ve kişisel gelişim programlarıyla iş hayatına hazırlanıyorlar. CO-OP yenilikçi bir model olarak ülkemizin üniversite-iş dünyası buluşmasına yeni kavramlar, uygulamalar getirdi ve ödüller aldı.

Gelecek tasarımı şöyle işliyor: Herhangi bir şeyin gelecekte tanımladığımız bir zaman diliminde nasıl olmasını istediğinizi tarif ederek vizyonla başlıyor, misyonla devam ediyor, stratejik planla da onu gerçekleştiriyorsunuz. Bu yöntemle ister bireysel ister kurumsal gelecek planlaması yapabilirsiniz. Ben önce bireysel olarak başladım ama çok emek istiyordu. Sistemler olmadan bireylerin kendi başına değişmesi çok zordu. Sonra şirketlerde sıfırdan tasarlayarak CO-OP projesi gibi projeler yapmaya başladım. Onun dışında eczacılarla yollarımız kesişti. Onlara Geleceğin E-Hali diye bir platform kurdum. Aslında bütün iş "Bu nasıl daha iyi olabilir?" sorusuyla başlıyor, "Nereye varmak istiyoruz, ne olsun diye bu kadar uğraşıyoruz?" sorusuyla devam ediyor. O vizyonu bir kez oluşturduktan sonra iş misyona döküp geriye doğru planlamaya kalıyor. Ve bunu yaparken de tabii dünyanın sosyolojik, ekonomik, ekolojik, teknolojik, politik, psikolojik faktörlerini de dikkate almak gerekiyor. Ekonomist olmam, fütürist bakış açım, IT'de çalışma tecrübem gibi işler joker aslında. Her üçünde de her türlü sektörün derdini anlamak zorundasınız. Çok yoğun bir iş deneyimi, sektörel bilgi, analitik düşünme, kodlama gibi bilgileri iyi kullandım. "Kürasyonum" da iyidir ayrıca. Başta henüz hiç ortalıkta olmayan ama kısa sürede hızla ajandalarına girecek olan konuları firmalara önce seminerlerle anlatıp "siz bu projeleri şöyle ele almalısınız" deyip pilot projelerle sunuyorduk. Unilever, Microsoft gibi şirketlerle proje yapmaya başlayınca iş genişledi. Zaman içinde ciddi seminer konuşmacısı da oldum! Çünkü önce anlatmanız gerekiyor. Gerçi artık birisi "bu projeyi sizinle yaptık" dediğinde bazen unutmuş oluyorum, o kadar çok projeyi hayata geçirdik ki. Artık kabul ediyor, inanıyor insanlar. "Gelecek planlanır ve yaşanır" gibi özlü sözlerim bile var!

Gelecek planlamasında, geleceği yaşamakta sivil toplum çalışmasına çok inanıyorum. Sosyal sorumlu bir insan olmanın ne kadar katkı sağladığını, hayat değiştirdiğini üniversite yıllarımdaki gönüllü okutmanlık tecrübemden beri çok iyi biliyorum. KAGİDER'de görevim sürüyor; yönetim kurulundayken Teknoloji Grubu başkanıydım, şu an hâlâ teknoloji grubundayım. Bir de İstanbul Blockchain Kadınları

Derneği'ni kurduk. Çok yeni. Birileri hayvanların, birileri çocukların, birileri doğanın ucundan tutsa, herkes bir şey yapsa dünya daha iyi bir yer olur. Benim ucundan tuttuğum konu da bilim ve teknoloji ve kadınların bu alana girerek güçlenmeleri. T-İnsan'ı da zaten bunun için yazdım.

T-İnsan'ı 2017'de bitirmiştim. Okuduğunuzda göreceksiniz, kitapta "2020'den sonra yaptığımız hiçbir şeyi o güne kadar yaptığımız gibi yapmayacağız" diye çok net yazmışım. Bir tek virüsten olacağını bilememişim! Niye böyle bir zaman verdiğimi de bilmiyorum, herhalde 2020 yeni bir onyıl başlangıcı olduğu için bir şey yaşanması şart diye düşünmüştüm. Okul, iş, eğitim, iletişim ve işsizlik çok yükselecek de demiştim. Fakat teknolojinin içinde olup hayata fütürist olarak bakınca bunlar size hiç enteresan gelmiyor, bunların gerçekleşeceğini mantıksal olarak görüyorsunuz zaten. Literatürde educated guess denen şey bu. Geriye bakıyorsunuz, sonra bakışınızı ileri doğru olabileceklere çevirince "bu bir gün böyle olacak" diye net bir görüş kazanıyorsunuz. Beni asıl bunu başkalarının görmemesi panikletiyordu. Artık paniklemiyorum, üstesinden gelmeye çalışıyorum. O zamanlar "bu kadar işsiz insan ne olacak, insanların değişmesi lazım, ben kendimi değiştirmeseydim ne fena olacaktı" gibi şeyleri düşündükçe, sonunda "birilerinin bu insanlara cevap vermesi lazım" dedim. Toplantılarda hep bilinen dertler konuşulur, değişik istatistikler verilse de aynı şeyler defalarca söylenir ama çözüm üretmek, cevap bulmak düşünülmez. Bundan çok sıkılıyorum. Mesele hayat, gelecek ve insanla ilgili olunca iyice bunaltıcı ve çıkışsız hale geliyor. Ben de baktım insanların artık gözü kesiyor, "Gelecekte şu olacak, bu olmayacak, bu değişecek" demeye başlıyorlar; ben de onların "Peki gelecek böyle olursa ben nasıl değişeceğim, ben ne yapmalıyım?" sorularına cevap vermek için T-İnsan'ı yazdım.

T-İnsan'da aslında yıllar önce IBM'in bir seminerinde duyduğum T-shape diye anlatılan bir konseptten esinlendim. İnsanın bir şeyde derinleşmesi gerek, derinleştiği o şeyin de her tür konuyla bağlantısının olması lazım gibi bir fikir yakaladım ve onu modelledim. Bu modelleme sırasında ortaya 3T çıktı: Teknolojiyi bilmek, Tasarımcı olmak, Takım oyuncusu olmak. "Nasıl yaparım, çok fazla bilgi edinmem gerekiyor, model yapacağım, gelecek planlama metodolojisi nasıl geliştireceğim?" derken otodidaktizm yöntemiyle kendi kendime öğrenmeye, öğretmeye başladım ve kendi hayatımdan yola çıktım. Bunun için de yine kendimin küratörü olmam gerekiyormuş, onu anladım. Yani, kendi pratik hayatımda uyguladıklarımın modellemesini yaptım aslında. Bende çok iyi çalıştı, başkalarında niye çalışmasın diye düşündüm. Üstelik o dönem zorluklar içindeydim, tek başına çocuk büyütüyordum ve büyük sorumluluğu olan bir mevkide çalışmak zorundaydım. Üç sene boyunca tatillerde bile sabah kalkıp deli gibi çalıştım, eğlence hayatı filan hiç yoktu. Yine hayatımın küratörlüğünü üstlenip, her şeyi dışarıda bırakıp sadece kızım, işim ve gelecekteki Ufuk'un oluşturulması konularına kendimi adadım. T-İnsan'da anlattığım bu model çok şık ve derli toplu bir model oldu, şu anda üniversitelerin akademik literatürüne de girdi.

Akademiye girmesi ve bu konuların gençlerle buluşması çok önemli. Örneğin İTÜ'de Yapay Zekâ ve Veri Mühendisliği bölümü açıldı. Çok geç kalmış ama çok sevindirici bir haber. Burada beni çok sevindiren bir şey daha var: Webinar'larda sürekli gözlemliyoruz; genelde erkekler çok, kadınlar az oluyor. Ama bu konu üzerine bir webinar yaptık, herkes kadındı, yalnız bir erkek vardı. Ondan önce de Sabancı Üniversitesi'nin Nanoteknoloji Araştırma ve Uygulama Merkezi'nde bir konuşma yaptım. Orada da o kadar çok kadın mühendis ve bilim insanı vardı ki... İşte benim işim gücüm bu. Çünkü mevcut eğitim sistemleriyle gençler adeta işsizliği, başarısızlığı garantilemek için diploma alıyorlar. Geçtiğimiz neredeyse son kırk yıldır tüm dünyada, üniversite diploması insanların kafasına bir iş garantisiymiş gibi yerleşti. "Ne olursa olsun sen bir diploma al da altın bileziğin olsun; diploma diplomadır..." şartlanması hâkim oldu. Hesapsız dağıtılan diplomalar gerçekdışı bir beklentiye, ezbere kaçan kolaycı bir kabule dönüştü. Dünyanın pek çok ülkesinde ve memleketimizde işsizlik oranı en yüksek kesimlerin başında üniversite diploması olanlar, kâğıt üzerinde meslek sahibi olup, hayatın gerçeğinde mesleksiz, işsiz ve iş bulma ümidi de olmayan gençler gelmeye başladı.

Bir genç eğer iyi bir eğitim almışsa, bilinçli bir şekilde teknolojiye, bilime filan hazırlanmışsa zaten bir şey söylemeye gerek olmuyor. Eğer yönlendirmeye ihtiyacı olan bir genç varsa önce sevdiği bir alanın keşfedilmesi lazım. Hangi dünya derdini mesele ediyor mesela. Belki hakikaten öyle bir meselesi var ama "Yok, o para getirmez" diye düşünüp kendini sınırlıyor. Bu sanat olabilir, müzik olabilir, el becerisi olabilir, her şey olabilir. Ezbere üniversite ya da herhangi bir diploma peşinden koşmak yerine, erken yaşlarda gerçek anlamda çalışmaya; beceri kazanmaya; ustalık-çıraklık müessesesine; problem çözümüne; "el âlem öyle istiyor" diye değil, uğraşırken, yaparken zevk aldığı, bir işe yaradığını hissettiği işlere; toplumun gerçek ihtiyaçları için çaba harcamaya; geçimini sağlayacağı parayı kazanmaya; faydalı herhangi bir alanda küçük yaşta da olsa o alanın "en beceriklisi, en çalışkanı" olmaya yönlendirilmeli, teşvik edilmeli, özendirilmeliler.

Ben gençlere hep çok iyi bir ustanın yanında girip derhal çalışmaya başlamalarını öneriyorum. En iyi otomobil tamircisi de olur, boyacı da olur, mimar da... Yani gerekiyorsa paspaslamaktan başlayıp o işi adım adım öğrenmesini ve iş hayatına atılmasını tavsiye ediyorum. "Öylesine bir yere gireyim garson olayım, sonra da çıkıp şunu yapayım" değil söylediğim şey. Sonunda o yolun üstadı olacak şekilde kendisini adayabileceği bir alanı keşfetsin, varsa ailesi buna destek olsun, olmuyorlarsa da kimseyi dinlemesin, gitsin orada yatsın kalksın, sürünsün. Çünkü günümüzde herhangi bir alanda kendini bir yerlere taşımış herkes, ister eğitimli olsun ister eğitimsiz, çalışarak bunu başarıyor. İngilizce'deki visionary doer lafını çok severim. Yani bir vizyonun, hayalin olsun, kendini o hayale ada ve eyleme geç. Git, gururla çalış. Aileler de T-İnsan kitabını ezber etsinler, çocuklarının sevdikleri bir alanda, gerekirse bir ustanın paspasçısı olmasına yardımcı olsunlar. Onu bu cesaretinden, gayretinden dolayı başlarının üstünde taşısınlar. Alın teriyle para kazanmanın onurunu öğretsinler. Çünkü becerikli, işini iyi ve hissederek, sorumluluk bilinciyle yapan insanlara her yerde ve hâlâ çok ihtiyaç var. Gelecekte de bu ihtiyaç daima olacak.

İlk 3

İSTANBUL FAVORİM

1

Sakıp Sabancı Müzesi

Hem Boğaz'a nazır konumu, hem zengin hat ve resim koleksiyonu, hem de Dali, Ai Weiwei, Miró, Marina Abramović, Abidin Dino gibi çağdaş sanatçıların sergilerine yer vermesiyle İstanbul'un en özel müzelerinden biri. Müzenin ana binası olan villa, 1925'te Mısırlı Hıdiv ailesinden Prens Mehmed Ali Hasan tarafından İtalyan mimar Edoardo De Nari'ye yazlık konut olarak yaptırılmış; daha sonra Adanalı sanayici Sabancı ailesi tarafından uzun yıllar kullanılmış. Zengin bir Osman Hamdi koleksiyonu ile Türkiye'nin ilk kitap konservasyon laboratuvarlarından biri de burada. Atlı Köşk olarak bilinen villanın teraslı bahçesine açılan MSA'nın Restoranı'nda oturmak da oldukça keyifli.

Sakıp Sabancı Cad. No: 42, Emirgan - 0212 277 22 00
www.sakipsabancimuzesi.org
Müze pazartesi hariç her gün 10:00 - 18:00 arasında; restoran ise 12:00 – 23:00 arasında açık.

2

Büyük Ada

"Tam bir nostalji! Eski İstanbul'u, kaybettiğimiz değerleri hala sürdürebildiğimiz, duygu dolu bir yer. Eski değerlerimiz dediğim aile, kalabalık ortam ve gayrimüslimler ile yaşadığımız güzellikler... Bütün yıpratılmışlığına rağmen hala Cumhuriyet'in gelişme yıllarının otantik küçük bir biblosu gibi görünüyor bana. Zaten adada yaşıyoruz. Eşimle adada, evimizin arka bahçesinde evlendik. Ada benim için begonvil, ortanca, günbatımı ve eskiden fayton şıkırtıları demekti. Tabii şimdi onun yerini 'bızz' diye sevimsiz bir elektrikli araba sesi aldı."

3

Fransız Sokağı

"Buranın ambiyansını, ortamını seviyorum. Avrupa kültürü ve dokusu beni etkiler. Fransa'yı, İtalya'yı severim. Akdenizli olduğumuz için, o insanların rengi, sıcaklığı hoşuma gider. Bu sokağın da otantik görünüşü ve estetiği beni bu yüzden etkiliyor."

Ufuk Tarhan'ın İstanbul'u

"İstanbul tılsımlı bir yer. Nasıl bu kadar güzel bir şehir olabilir, biz ne yaptık da hak ettik burayı, hakikaten bilmiyorum."

Köprüden Geçerken Âşık Olunası

İSTANBUL

"İstanbul tılsımlı bir yer. Nasıl bu kadar güzel bir şehir olabilir, biz ne yaptık da hak ettik burayı, hakikaten bilmiyorum. Sadece bir toprak parçası olarak düşündüğümüz şeyden çok daha fazlası. Burada doğmadım ama İstanbul'u çok seviyorum. Köprüden geçerken o kadar güzel görünür ki gözüme, nazar değmesin diye aileden gelen bir batıl inançla dilimi ısırırım! Çok büyülü bir şehir. Her fırsatta eşimle otobüse bineriz, bilmediğimiz bir semtinde ineriz ve orayı didik didik, mahalle mahalle gezeriz. Oturur bir lokantasında yemek yeriz. Eşimin tarih bilgisi de çok geniştir. O da mekânların tarihini anlatır. İstanbul'da 'benim mahallem' dediğim bir yer yok. Nereye gitsem orayı çok beğeniyorum, orada mutlaka kendine has bir şeyler buluyorum. Seçim yapamıyorum o yüzden. İstanbul'da yaşamasaydım, yeryüzündeki favori yerim İtalya'daki Forte dei Marmi olurdu. Toskana'yı çok seviyorum. Atalarımız Girit'ten Side'ye göçtüğü için Türkiye'de yaşamak için ikinci tercih edeceğim yer Side olurdu sanırım."

Tarihin İzinde

SULTANAHMET CAMİİ

"Sultanahmet'e kadar gelmişken bu camiyi görüp, tarihi Sultanahmet Köftecisi'nde yemek yemeli."
Ayasofya'nın tam karşısına, I. Ahmet tarafından 1616'da yaptırılan Sultanahmet Camii, iç duvarlarını kaplayan 50'den fazla farklı desendeki İznik çinileri nedeniyle batılı ziyaretçiler tarafından Blue Mosque olarak anılıyor. Ana kubbenin altında yer alan 260 penceresi sayesinde, İstanbul'un iç mekânı en aydınlık ve ferah camilerinden biri.

İstanbul Lezzetleri

KANAAT LOKANTASI

1933'ten bu yana aynı ailenin farklı jenerasyonları tarafından Üsküdar'da işletilen bu köklü restoran, on yıllardır aynı müessesede çalışan aşçıları ve garsonları sayesinde, lezzet konusunda istikrarını

korumasıyla dikkat çekiyor. Her gün Osmanlı-Türk mutfağının kaybolmaya yüz tutmuş tariflerinden seçilmiş 100-120 çeşit yemek ve tatlı sunan mekânın özel yapım dondurmaları da mutlaka denenmeli.
Selmanipak Cad. No: 9, Üsküdar
0216 341 54 44
www.kanaatlokantasi.com.tr
Her gün 06:30 – 23:30 arası açık.

HAMDİ ET LOKANTASI
Urfa Birecikli Hamdi Arpacı'nın 1960'lı yılların sonunda Eminönü Yeni Camii'nin yanında açtığı kebap tezgâhı, yıllar içinde günümüzdeki beş katlı restorana dönüşmüş. Turistler arasında oldukça popüler olan mekânın, Eminönü rıhtımının hareketliliğini seyrederken lokantanın terasında oturup Güneydoğu lezzetlerini tadabilirsiniz. Restoranın Tepebaşı ve Şişli'deki Radisson Blu otelleri bünyesinde iki şubesi daha bulunuyor.
Tahmis Cad. Kalçın Sok. No:11, Eminönü - 0212 528 03 90
www.hamdi.com.tr
Eminönü şubesi her gün 12:00 – 24:00 arası açık.

ASMALIMESCİT MEYHANELERİ
"Asmalımescit'te, kapanmadan önce Refik'e giderdik; şimdi bir de sevdiğimiz Latife Hanım Meyhanesi var."
1900'lü yılların başında İstanbul'da bohem yaşamın merkezi olan bu Beyoğlu mahallesi, günümüzde masalarıyla birkaç sokağın kaldırımlarına yayılan, kimisi tarihi olan meyhaneleriyle meşhur.

SUR BALIK ARNAVUTKÖY
"Arnavutköy balıkçıları arasında en sevdiğimiz. Genelde eşimle burada yeriz."
İstanbul'da Cihangir, Haliç ve Sarayburnu'nda; onun dışında Ankara ve Kapadokya'da şubeleri bulunan restoran, mevsiminde doğru balık menüleri ve geleneksel Türk mezelerinin yanında kadayıfa sarılmış çıtır karides gibi sıra dışı deniz ürünü tabakları da sunuyor.
Arnavutköy Cad. No: 52, Bebek
0212 257 27 43
www.surbalik.com
Her gün 12:00 – 01:00 arası açık.

USKUMRU

Anadolu Hisarı semtinde, İstanbul Boğazı'nın en şahane noktalarından birinde denizle iç içe terasında konuk ağırlayan bu balık lokantası, trafik keşmekeşine girmek istemeyenleri haftanın her günü ve saati, Rumeli Hisarı'ndan kalkan özel teknesiyle Anadolu yakasındaki mekanına keyifli bir mini Boğaz turu ile ulaştırıyor.
Anadolu Hisarı, Körfez Cad. No: 55, Beykoz - 0216 460 10 00
www.uskumru.com.tr
Her gün, 11:30 -24:00 arası açık.

BORSA RESTAURANT

1927 yılında, bugün İstanbul Ticaret Borsası'na dönüşen Zahire Borsası'nın bulunduğu yerde açılan gerçek bir İstanbul müessesesi. 1980'li yıllarda Sirkeci'ye taşınan, daha sonra Atatürk Kültür Merkezi ve Lütfi Kırdar Uluslararası Kongre ve Sergi Sarayı'nda Osmanlı ve Türk mutfağından lezzetler sunan restoran, günümüzde Kandilli sırtlarındaki Adile Sultan Sarayı'nda konuk ağırlıyor. Borsa, buradaki güzel manzaralı alakart restoranın yanı sıra, şehir merkezinde birkaç self servis lokantasıyla da hizmet vermeyi sürdürüyor.
Adile Sultan Sarayı, Vaniköy Cad. No: 12, Kandilli
0216 460 03 04 – 05
www.borsarestaurants.com

Nostaljik Günbatımı

PIERRE LOTI TEPESİ

İstanbul âşığı Fransız romancı Pierre Loti'den ismini alan tepe, "Altın Boynuz" olarak da anılan Haliç'e karşı günbatımını seyretmek için ideal. İstanbul'da geçen "Aziyade" adlı bir romanın da yazarı olan Pierre Loti'nin Eyüp Sultan mahallesinde yaşadığı ve bu tepedeki eski Rabia Kadın Kahvesi'nin müdavimi olduğu biliniyor.

Eskiden Eyüp mezarlığının içinden geçen bir patikayla ulaşılan tepeye, bugün teleferikle çıkmak mümkün. Geleneksel bir Osmanlı mahallesi görünümünde bir turizm kompleksine dönüştürülmüş tepede, tarihi kahvenin yanı sıra çeşitli kafe ve restoranlar ile bir de otel hizmet veriyor.
www.pierrelotitepesi.com

Boğaz Gezintisi
KANLICA YOĞURDU

Türkiye'nin sayılı asırlık işletmelerinden olan Kanlıca Yoğurdu, 1898'den beri Bulgaristan göçmeni Sakkaflar ailesi tarafından işletiliyor. Beykoz'un köylerinde otlatılmış ineklerin sütünden elde edilen bu özel yoğurdu, Kanlıca meydanındaki İsmail Ağa Kahvesi'nde denize nazır oturarak, üzerine pudra şekeri dökülmüş haliyle tadabilirsiniz.

Kafe Cumhuriyeti
CİHANGİR

Cihangir semtinin kalbi, Firuzağa Camii'nin yanı başındaki kaldırımlara yayılmış birkaç kahvehanede atıyor dersek yanılmış olmayız. 1990'lardan bu yana İstanbul'un bohem sanatçı kesiminin mesken tuttuğu mahallenin önemli buluşma noktalarından olan bu kahvehanelere, daha sonra semtin ara sokaklarında çeşitli kafeler de eklendi. Üçüncü nesil kahveleriyle Kronotrop ve Geyik Cafe Roastery & Cocktail Bar, gizli arka bahçesiyle Kahve6, yıllara meydan okuyan klasikler olarak Smryna, Kaktüs ve Susam Cafe, atlanmaması gerekenler arasında.

Alışveriş Zamanı
ÇUKURCUMA

Çukurcuma Caddesi ve ona açılan sokakları antikacılar dolu bu semt, Orhan Pamuk'un Masumiyet Müzesi romanı sayesinde yerli ve yabancı turistlerin de ilgi odağı oldu. Mahallenin en güzel sokaklarından biri olan Faik Paşa Yokuşu, İtalyan stili binalarıyla görülmeye değer.

TOMTOM DESIGNHOOD

Çukurcuma, Galata ve Karaköy'ün kesişim noktasındaki Tomtom Mahallesi, son yıllarda bölgeye yapılan yatırımlarla bir tasarım, sanat ve eğlence merkezi olma yolunda. 19. yüzyıl sonlarından 1960'lara kadar bünyesindeki birçok konsolosluk ve yabancı okul sayesinde Beyoğlu'nun en kıymetli noktalarından biri olan mahallede faaliyet gösteren tasarımcılar, zanaatkârlar, kafeler ve yeme içme mekanları bu platformda bir araya gelmiş. Öte yandan, çevredeki tarihi binaların yenilenmesiyle hayata geçen Tomtom Gardens, Tomtom Kırmızı ve Tomtom Corners adlı rezidans projeleri de mahallenin yeni yaşam alanları.
www.tomtomdesignhood.com

Pera Palace'ın kubbeli salonunda klasik beş çayı keyfi.

"İstanbul üç imparatorluğa başkentlik etmiş bir şehir. Hem geleneklerine sımsıkı sarılıyor, hem de o kadar genç, o kadar dinamik, o kadar fütürist bir şehir ki... Biz bozmak için ne yaparsak yapalım, bozulmuyor."

ZEYNEP ORAL

Gazeteci – Yazar – Tiyatro Eleştirmeni

Kadın Olmak

Zeynep Oral ile: Paris'te 68 Mayıs'ına denk gelen şanslı öğrencilik günlerinden Milliyet'te 32 yıla ve 'Kadın Olmak'ın hikayesine.

Toplumsal bilinci hem ailem hem de okul aşıladı bana. Toplumsal sorumluluk duygumun en önemli nedenlerinden biri sanıyorum ki İzmir Amerikan Kız Koleji'nde okumuş olmam. Okulu bitirinceye kadar Türkiye'nin birçok yöresini tanıdık, birçok toplumsal etkinliğe katıldık. Gecekondu bölgelerinde çöp toplamaya, o zamanki "sağır dilsiz okulu"nda çocuklarla oynamaya ve darülacezedeki yaşlılarla vakit geçirmeye kadar birçok toplumsal etkinlik içinde bulundum.

Bu tür duyarlılıkların gelişmesinde okulun payı çok büyük. Okulda dostluğu, arkadaşlığı, çevremizi, ülkemizi tanımayı en çok da insan olmayı öğrendik. Okul yılları deyince ilk aklıma gelenler: drama kulübü, tiyatro kulübü, okul temsilleri, gazete kulübü, okul gazetesi çıkarmak, edebiyat kulübü, modern dans kulübü, klasik müzik kulübü, voleybol-basket takımları, atletizm... 19 Mayıs, 29 Ekim programları... İzmir Stadyumu'nda törenler... Hayatımın en unutulmaz anları.

Ardından Paris'te Yüksek Gazetecilik Okulu'nu bitirdim ve aynı zamanda Sorbonne'da Tiyatro Araştırmaları Bölümü'ne devam ettim. Her iki okulda da çok değerli hocalar vardı ve bana büyük katkıları oldu. Üniversitede tek bir hayalim vardı; dünyayı değiştirecektim. Arkadaşlarım ve ben, yeryüzünün bütün gençleriyle beraber dünyayı değiştirecektik. Paris'teydim, '68 Mayıs'ı gelmek üzereydi. Paris'teki bu politik iklim beni de çok etkiledi. Özgürlük, eşitlik ve dayanışma, vazgeçemediğim ilkeler oldu. Başka bir dünya, savaşsız, şiddetsiz bir dünya mümkündü. İnanmıştım. Irkçılık, dincilik, etnikçilik, militarizm, materyalizm, fanatizm, fundamentalizm, hepsi gerileyecekti. Bunu da biz yapacaktık.

John Lennon "Imagine" şarkısını söylediği sıralarda ben Türkiye'de gazeteciliğe başladım. Atatürk'ün açtığı yoldan daha ilerici, daha eşitlikçi, daha özgür bir ufka ve aydınlığa götürecektim bu ülkeyi. Nasıl mı? Elbet sanatla. Sanatı herkesle paylaşarak, herkese musallat ederek ve sanatı herkesin kılarak. Abdi İpekçi önderliğinde 1972'de arkadaşlarımla Sanat dergimizi çıkarmaya başladık. Akal Atilla, Oğuz Akkan, Şakir Eczacıbaşı ile yürünen yollar...

Otuz iki yıl Milliyet'te çalıştım. Milliyet Sanat, gazete ile beraber dağıtılan ek olarak başladı o yüzden çok yaygınlaştı, dergiye sonradan dönüştü. Tüm Türkiye'den güzel tepkiler alan, derinlikli bir dergiydi. Milliyet Sanat'ın ilgi alanı çok genişti, sanatın her dalına yer veriyordu ve yenilikçiydi. Hiç unutmuyorum, sibernetikten ilk kez söz ettiğimiz vakit Kars'tan "Sibernetik üzerine daha çok yazı yazın" diye mektup almıştık. Yurdun her köşesinden mektuplar geliyordu. Bugün ben nereye gidersem "Ben şu kasabada şu köyde öğretmendim. Gençleri sizin dergilerinizle yetiştirdik, sizin derginizle büyüdük" lafını duyarım hâlâ. Sanat ve kültür, insana yapılan yatırımdır.

Unutamadığım bir başka anım da şu: 1988'de Saddam dönemi, Halepçe Katliamı'ndan kaçan yaklaşık 460 bin Kürt, Irak-Türkiye sınırına dayanmış. Sınırları açtık, başka bir şey yapamazdık ve ben gazeteci olarak oradayım. Diyarbakır'dayım ve sınır boyunca kampları ziyaret edip, röportajlar yapacağım. Kürtçe ve Türkçe konuşan genç bir arkadaş da bana çevirmenlik yapacak. Bir taksi tuttuk, yola çıkacağız. Diyarbakır'ın uç mahallelerindeyiz. O zaman sigara içiyorum. Sigaram ya yetmezse diye düşünüp küçük bir bakkala girdim. Yaşlı bir bakkal. Ben girince içerideki müşteriler "önce turiste bak" dediler. "Ben turist değilim, beklerim" dedim.

Müşteriler gidince bir Camel istedim. Bakkal "Camel yoktur" dedi. Ben de "peki Samsun olsun" dedim. Fakat bakkal sürekli bir çekmecesine bir bana bakıp duruyor. Döndü, arkadan iki paket Samsun aldı, tezgâha koydu. "Borcum ne kadar?" dedim. "Borcun yoktur" dedi. Ben de anlamadı diye düşünüp "kaç para?" dedim. "Anladım, borcun yoktur dedim ya" dedi. "Nasıl olur?" dedim. Çekmeceyi açtı ve çekmeceden Milliyet'ten kesilmiş iki tane kupür çıkardı ve önüme koydu. "Oğlumla ben aylarca Diyarbakır cezaevinde hapiste yattık, o sırada senin bu iki yazın bize hep güç verdi, bunu okuduk, gözümüz gibi sakladık yastığın altında, yorganın içinde. İşte şimdi de burada da benimle. Senin bana borcun yok, bizim sana borcumuz var" dedi. Bundan müthiş başka bir şey olabilir mi?

Milliyet'in, Milliyet Sanat'ın etki alanı çok genişti. Leyla Gencer kitabım Fransızca yayımlandı ve orada bir ödül aldı. Gerçi tabii kitaptan çok Leyla Gencer'e verilmiş bir ödüldü o. Türkiye'nin Paris UNESCO büyükelçisi bana ödülü verecek ve bir konuşma yapacak. Beni hiç tanımayan biri ve ne söyleyeceğini bilmiyorum. Sözü aldı ve "Efendim şu gördüğünüz hanımefendi var ya, biz gençliğimizde kendimize aydın, entelektüel dedirtmek için bu hanımefendinin çıkardığı dergiyi okumak zorunda hissederdik kendimizi. Milliyet Sanat okumayana aydın denmezdi Türkiye'de" dedi.

Fakat 2001 yılında Milliyet gazetesinde yönetim değişikliği oldu. 15 kişinin atıldığı açıklandı. İlk listede adım yoktu ama arkadaşlarım aradı, "internete bak" dediler. İnterneti bir açtım ki "Flaş Flaş Flaş! Milliyet'ten atılanlara iki isim daha eklendi! Zeynep Oral ve ünlü karikatürist Turhan Selçuk." Cumhuriyet gazetesinin başyazarı İlhan Selçuk aradı ve "Zeynep, sana kapımız açık, hemen bize gel" dedi. Ama ben o kadar büyük bir travma geçirmiştim ki, yürümeyi dahi unutmuştum. Dedim ki "İlhan Abi, ben önce bu travmayı atlatmalıyım, iyileşip salim kafayla gelmeliyim." Üç ay boyunca o şoku ve travmayı atlatamadım. Psikolojik yardım aldım. Milliyet Sanat dergisinin kurucularından biriydim, dergi de benim çocuğum gibiydi. Evden çok gazetede vakit geçirirdim ve hep şunu savunurdum: İnsan bir yerde kök salmalı. Milliyet benim zannediyordum, benim her şeyimdi. O sıralarda Meslek Yarası diye bir kitap yazdım. Yaralarımı sardım ve editöryel sorumluluk almadan Cumhuriyet'te çalışmaya başladım. 2002'den beri de Cumhuriyet'e çalışıyorum.

Günümüzde gazetecilik yapmaksa neredeyse imkânsız gibi bir şey. Eleştiri yaparken korkmuyor musun diye soranlar oluyor. Tabii ki korkuyorum. Kendim için değil ama çocuklarım, eşim, torunlarım için korkuyorum... Büyükannelerine "seni de hapse atarlar mı?" diye soran ufak torunlarım var, düşünebiliyor musunuz? Ama bugün politik düşüncesi olsun olmasın herkesin başına her şey gelebilir. Öyle bir Türkiye'de yaşıyoruz. Bir turizm şirketinden oda ayırtan kişi hapiste ama şirketin sahibi bakan olmuş. Aynı sözü söyleyen doksan bin kişiden biri hapiste, diğerleri değil. Yani bir mantık yok. Adalet yok. Hak hukuk yok. Bundan çıkan en önemli sonuç da otosansür. Kendimi sansürlemiyorum diyenlere inanmıyorum.

Hayatta hiçbir zaman bir şey olmak istemedim ama hep bir şey yapmak istedim. O yapılması gerekenleri başkaları yapmıyorsa, birinin yapması lazım diye yapıyorum. Enerjim var, birikimim var ve bunu ilkelerim doğrultusunda kullanmak zorundayım. Onun için KA-DER'in (Kadın Adayları Destekleme ve Eğitme Derneği) kurucuları arasındaydım, onun için Türkiye-Yunanistan Dostluk Derneği içindeyim.

Kapalıçarşı'nın rengarenk vitrinlerinden gözalıcı cam avizeler.

Tüm edebiyat, şiir severler gibi ben de Nazım Hikmet'e âşığım. Nazım'ı genç nesillere aktarmak için kolları sıvadık ve Nazım Hikmet Vakfı'nı o nedenle kurduk.

Tiyatronun ise gönlümde başka bir hükümranlığı var. İnsandan insana ve dolaysız olduğu için, yalanla doğruyu, sahici olanla sahte olanı birbirinden ayırdığı için, sorgulamamızı sağladığı ve eleştirel düşünceye açık olduğu için... Çünkü tiyatro eleştiriyle gelişen bir sanat. Türkiye'de Tiyatro Eleştirmenler Derneği yoktu. Çok değerli eleştirmenlerimiz var. Koskoca Metin Ant, Özdemir Nutku'ları düşünün. TEB'i (Tiyatro Eleştirmenleri Birliği) biz kurduk. Şimdi çok mutluyum, derneğin yıllarca başkanlığını yaptım, yönetim kurulunda çok değerli eleştirmenlerle çalıştık. Şu an gençler yetişiyor. Konservatuarların dramaturji bölümleri var. Onlar bu misyonu sürdürüyorlar.

Zaten tek başına çalışmayı sevmiyorum. Tüm bunların bir ekip işi olması ve kurumsallaşması lazım. Bu anlamda örgütlü çalışmaya çok inanıyorum. Ve bütün arkadaşlarıma da sivil toplum örgütlerinde çalışmalarını öneriyorum. Yalnız para için çalışılmaz ki. Ama Türkiye'de ne yazık ki örgütlülük hep sanki suçmuş gibi, sakıncalı görüldü. Özellikle de askeri darbeler döneminde. İlk Barış Derneği kurulurken benim bir işim vardı da gidemedim. Aksi halde ben de hapiste çürüyor olabilirdim.

Ayrıca PEN Yazarlar Derneği başkanıyım. Şu an üçüncü dönem başkanlığını yapıyorum ama artık bırakma vakti geldi çünkü bu çalışmalar kitap yazımımı yavaşlatıyor. Yine de dediğim gibi bunları yapmak da lazım. PEN Türkiye'nin başkanı olarak bana dünyadaki 150 PEN kuruluşundan en çok yönelttikleri soru hep şu oluyor: "Nasıl olur da Türkiye'de bu kadar çok gazeteci hapiste olabilir?" Ne cevap vereceğimizi bilemiyoruz. İçeride mesleğini yaptığı için yatan yalnızca tek gazeteci bile olsa, bu ülkede hiçbir gazeteci özgür değildir. Her toplantımızda hapisteki yazarlar için sahnede boş bir sandalye bulunuyor. Bu yıl o sandalyeyi Türkiye'den gazeteci, yazar, şair Nedim Türfent'e ayırdık.

PEN hem uluslararası ilişkiler konusunda çok şey yapıyor, hem de Türkiye'deki edebiyat alanında çalışmalar ve tanıtım faaliyetleri yürütüyor. Her yıl iki ödül veriyoruz. Biri şiir ödülü, diğeri de Duygu Asena adına verdiğimiz kadın sorunları ile ilgili ödül. Her ay, ayın kitabını seçiyoruz. Uluslararası ilişkilerde çeşitli komitelerimiz var. Hapisteki yazarlar, kadın yazarlar ve barış komitelerimiz var. Bunlar yalnız edebiyatın yaygınlaştırılması değil, ifade özgürlüğünün korunması ile ilgili de çalışmalar yapıyorlar ve sadece kendi ülkemizi değil dünyayı izliyorlar. Mahkemeleri takip etmek, davaları izlemek, hapishane ziyaretleri gibi.

Kardak Krizi patlak verdiği sırada eski başbakanın eşi Margarita Papandreou, “Zeynep bir şeyler yapmamız lazım” diye aradı. Kendisini uluslararası kadın projelerinden tanıyordum. Birlikte Türkiye-Yunanistan Kadın Barış Girişimi’ni (WINPEACE- Women’s Initiative for Peace) başlattık. Bunun için çok ciddi çalıştık ve ciddi işler yaptık. Bu bir network çalışması. Projeler üretip onları hayata geçirdik. Ardından Kıbrıs’ın kuzeyi ve güneyini de aramıza kattık. Bizim Yunanistan ile kurduğumuz işbirliği onların ekonomisi zayıflayınca yavaşladı ama öğrenci değiş tokuşu, yaz stajları, gençlik kampları devam ediyor, biz de insanlar nasıl dönüşüyor görüyoruz. Bütün bu gençler barış elçisi oluyor. Agrokültürel kadın kooperatifleri kurduk ve agroturizm başlattık Karaburun’da. 2002’den bu yana devam ediyor bu proje. 1985 yılında Nairobi’deki Birleşmiş Milletler örgütünün dünya

kadın kongresi benim için bir dönüm noktasıydı. Ben kadınlarla ilgili birçok şeyi biliyorum zannediyordum ve ne çok şeyi bilmediğimi gördüm. Konferansa davet edildiğimde doğrusu kitap yazmak gibi bir şey yoktu aklımda. Ama o kadar çok şey öğrendim ki, bunları herkes bilmeli diye diye Türkiye'ye iki bavul dolusu malzeme ile döndüm. Malzemeyi vereyim bunu bir başkası yazsın diye düşündüm ama kimse oralı olmadığı için ben Kadın Olmak adlı kitabı yazdım aynı yıl. Hâlâ güncelliyorum. Şu an 24. baskısı yapılmış. Yeni kuşaklar hâlâ bu kitaptan kadın sorunları ile ilgili bilgiler alıyorlar.

Biz kadın konusunda ülke olarak çok geriye gittik. Kadına karşı şiddetin arttığı, belli bir zihniyetin gitgide yayıldığı, feminizmin yöneticiler tarafından lanetlendiği bir dönemdeyiz. Müthiş bir saldırı altındayız. Orta Asya ülkelerinde bizi örnek alanlar vardı. Artık örnek oluşturmuyoruz. Sistematik bir karşı devrim uygulanıyor ve buna karşı mücadele vermek bizim görevimiz. Kadın dernekleri hâlâ aktif çalışmaya devam ediyorlar.

Etiketleri sevmiyorum. Kendimi "ben şuyum" diye sunmak da istemiyorum. Yirmiye yakın kitabım var ve bunların hiçbirini "bir kitabım olsun" diye yazmadım. Hepsini "bunu herkes bilmeli, bunu nasıl olur da insanlar bilmez?" diye yazdım.

Günbatımından geceye, Tarihi Yarımada fonunda Kız Kulesi.

Mesela herkes Leyla Gencer'i yazmak nereden aklına geldi diyor. Dünyanın başka bir yerinde olsa Leyla Gencer üzerine onlarca kitap yazılırdı. Asıl soru şu: Leyla Gencer'i yazmamak olabilir mi? Tutkunun Romanı'nı Leyla Gencer'i herkes tanısın diye yazdım... Türkiye'nin çeşitli yörelerinden insan manzaralarını dile getiren "Bu Cennet, Bu Cehennem"i de bu nedenle yazdım. Nasıl ki gurur duyduğum şeyleri herkes bilsin istiyorum, haksızlıkları da herkes öğrensin istiyorum. Öyle şeyler yaşadık ki bu ülkede, insan kaldıramaz. Lise öğrencilerine, Manisalı çocuklara işkence ettiler. Ben Manisa'da duruşmalarını izlerken İzmir'deki arkadaşlarımın bu konudan haberi yoktu. Nasıl bilinmez? Aynı şekilde Reha İsvan, Barış Derneği davasından içerideyken orada yaşananları herkesin bilmesi gerek dediğim için yazdım Bir Ses kitabını. O Güzel İnsanlar ve O Büyülü İnsanlar kitaplarını da yine "bunları herkes bilsin, herkesle paylaşmalıyım" tutkusuyla yazdım.

İşlevsel yazmayı seviyorum. Dağlardan ovalardan bahsedeyim ben de çok isterdim. Bazı gezi kitaplarım da var ama gezi kitabı yazmaya kalkıştığımda yine bir bakıyorum dağlardan, ovalardan değil yine oralarda yaşayan insanlardan söz ediyorum. Bir yöreyi tanımanın en iyi yolu, oranın edebiyatını, müziğini, sanatını ve en çok da insanlarını tanımaktan geçiyor. Birileri de bana gelip "ben bunları okudum, çok etkilendim" deyince çok mutlu oluyorum. Bu benim için en büyük hediye.

Yeni nesil gazetecilere ilk söyleyeceğim şey "kimseye ihanet etmeyin, doğrudan ayrılmayın, ilkelerinize sahip çıkın, prensip sahibi olun" olur sanırım. Bir de şu: "Durmadan kendinizi geliştirin." Çok okumak lazım. Bizde herkes yazıyor ama az okuyor. O dönemin farklı bir dönem olduğunu da itiraf etmeliyim. Ben yetişirken Abdi İpekçi gibi bir editörüm vardı. Gazetedeki odamıza Haldun Taner, Aziz Nesin, Yaşar Kemal, Behçet Necatigil, Cevdet Kudret, Vedat Günyol gelir, bizimle otururdu. Biz ağzımız açık onları dinlerdik, onlarla konuşurduk, onlarla sohbet ederdik. Şimdi herkes bilgisayarının başında. Kimse kimseyle sohbet etmiyor. 140 vuruşla konuşulan bir dönem. Ve kimlerden besleniyorlar bilmiyorum. Tweet'lerden belki de.

İlk 3

İSTANBUL FAVORİM

1

Kapalıçarşı

"Dünyanın tarihi çarşıları içinde eşine rastlanmayacak bir yapı!"
Yaklaşık 42 bin metrekarelik bir alana yayılan labirentimsi sokakları ve avlulu bedestenleriyle Kapalı Çarşı zaten bir şehir. İstanbul'un fethinden sonra şehrin ekonomi ve finans kalbi hep burada atmış, para burada el değiştirmiş, en iyi mücevher ustaları ve zanaatkârlar burada yetişmiş. Şimdilerde dükkanlarını ele geçiren turistik eşya kalabalığına rağmen, ne aradığını bilenler için hâlâ bir gizli hazine sandığı!
www.kapalicarsi.com.tr
Her gün, 8:30-19:00 arası açık; dini bayramlarda kapalı.

2

Ayasofya Hürrem Sultan Hamamı

"Mimar Sinan'ın Sultanahmet'teki şaheseri."
Hürrem Sultan'ın 16. yüzyılda eski bir Roma hamamı üzerine Mimar Sinan'a yaptırdığı hamam, 20. yüzyılın büyük bölümünü metruk halde geçirdikten sonra, 2007'de köklü bir restorasyondan geçerek yeniden hamam olarak işletilmeye başlandı. Hamama ait Mihri Restaurant, ana yapının bitişiğindeki Ayasofya manzaralı güzel bahçesinde sakin bir atmosfer sunuyor.
Cankurtaran Mah. Ayasofya Meydanı No: 2, Fatih / 0212 517 35 35
www.ayasofyahamami.com

3

Yerebatan Sarnıcı

"Büyülü bir mekân; özellikle de içinde bir sergi veya konser varsa!"
İstanbul'un en büyük kapalı sarnıcı, 1500 yılı aşkın süredir ayakta olan bir mimari harikası. Bizans döneminde Büyük Saray'ın su ihtiyacını karşılamak üzere yapılmış ve kemerlerle şehrin 20 kilometre dışından buraya su taşınmış. Osmanlılar tarafından ise fetihten yüz yıl kadar sonra, Fransız bilim insanı ve gezgin Pierre Gilles'in merakı sayesinde keşfedildi. Sarnıcın üzerindeki evlerden kuyularla su çekildiği, bazı mahalle sakinlerinin sarnıçta kayıkla gezinip balık avladığı da Gilles'in anılarında anlatılıyor.
Yerebatan Cad. Alemdar Mah. 1/3 Sultanahmet, Fatih
0212 512 15 70

Zeynep Oral'ın İstanbul'u

"İstanbul aynı zamanda hem çok mistik, hem çok gerçekçi, hem çok romantik."

Benim Mahallem
ORTAKÖY

"Ortaköy, camisi, kilisesi ve havrası ile üç dinin gelip buluştuğu bir yer. Çok önemli. Daha ilk engizisyon döneminde, Yahudiler İspanya'dan kovulduğu vakit gemilerle ilk yanaştıkları kıyılar buralar. Bu üçlü kozmopolit yapı çok heyecan verici."

Bitmeyen Şölen
BOĞAZİÇİ

"Ortaköy'ün kıyısında kurulduğu Boğaz tam bir geçit. Ben Boğaz'a nehre benzemeyen nehir diyorum. Sabahları burada yürüyüş yapıyorum. Geceden kalma sarhoşlar bazen burada kıyıda uyurlar ve ben yürüyüş yaparken uyanırlar. Bir tanesi bir sabah 'Abla, sana bir şey sorabilir miyim?' dedi: 'Abla, bu hep bu tarafa akıyor, akıyor, akıyor... Peki, Karadeniz boşalmaz mı?' Bu içime işledi. Gerçekten de buradaki müthiş akıntıları gözle bile görebilirsiniz. Biraz yukarıdan baktığınız vakit, sabahın erken saatlerinde balık zamanında bütün küçük balıkçı tekneleri bir şu tarafa gider, bir bakarsınız öbür tarafa... Seyretmeye doyum olamaz. Edebiyatımızda bu suyun geçişinin bin bir tür anlatım şekli var. Olağanüstü. Güneş batarken bütün bu karşı camlar alev alır. Gerçekten büyük bir şölen. Üstelik hiç de bitmiyor."

Asi ve Sürprizli Şehir
İSTANBUL

"İstanbul'un geleneksel olduğu kadar, çok asi bir yanı da var. Haksızlığa kesin karşı çıkar. Kendini korumasını bilir, savaşır. Bir ara, 1990'ların sonunda bir protesto eylemi düzenlemiştik: Her akşam bir dakika karanlık. Benim evim biraz yüksektedir. Ona şahit olmak inanılmaz bir şeydi. Karşı kıyıyı görüyordum; binlerce, binlerce ışık yanıp sönüyordu. İstanbul, aynı zamanda dişi bir şehir. Rüzgârı dişi, suları dişi, tepeleri, sokakları dişi... Çok feminen. Bütün çelişkileri içinde barındıran, dinamik, genç nüfusu kucaklayan bir yer.

Sürprizleri var ayrıca. Oldum olası burada yaşadım ama hala, her gün bilmediğim yeni bir şeyler keşfediyorum."

İstanbul Lezzetleri

HAVUZLU RESTAURANT

1959'da kurulan, Kapalıçarşı'nın ilk ve en büyük esnaf lokantası, günümüzde turistler arasında da çok popüler. Tarihi Şark Kahvesi'nin arka sokağında yer alan Havuzlu'nun üst katındaki Osmanlı Kahvehanesi ise tatlı ve kahve molasıyla alışveriş yorgunluğunu atmak için ideal.
Gani Çelebi Sok. (PTT yanı) No: 3, Kapalıçarşı
0212 527 33 46
www.havuzlurestaurant.com
11:00-17:00 arası, sadece öğle yemeği ve kafe servisi için açık.

BALIKÇI SABAHATTİN

Yıllardır İstanbul'un en iyi balık lokantalarından. Tarihi Yarımada'da, Cankurtaran yakınlarında restore edilmiş samimi ahşap bir evde konuk ağırlayan restoran, aslen Trilyeli (Mudanya, Zeytinbağ) olan ve kendi deyimiyle "denizi, balığa saygıyı çok iyi bilen" bir aileden gelen Sabahattin ve oğulları tarafından işletiliyor.
Baharatlı midyeli pilavı ve fener kavurması için gidilesi.
Seyit Hasan Kuyu Sok. No: 1, Cankurtaran, Eminönü
0212 458 1824
www.balikcisabahattin.com
Her gün, 12:00 – 02:00 arası açık.

NEOLOKAL

İstanbul'un yeni nesil şef restoranlarının en güzellerinden olan Neolokal, Maksut Aşkar kaptanlığında bu toprakların mutfak geleneklerini ve en iyi malzemelerini, modern pişirme ve sunum teknikleriyle buluşturuyor.
Bir zamanlar Osmanlı İmparatorluğu'nun merkez bankasıyken, mimar Emre Arolat'ın restorasyonuyla SALT Galata'ya dönüştürülmüş anıtsal binanın içinde hizmet veren, minimalist ve her daim şaşırtıcı bir restoran. İnanılmaz Süleymaniye Camii ve tarihi şehir manzarası da cabası!

Bankalar Cad. No: 11, Karaköy
0212 244 00 16
www.neolokal.com
Çarşambadan cumartesiye 19:00 – 01:00 arası açık.

DİVAN BRASSERIE BEBEK

Boğaz'ın en güzel semtlerinden Bebek'te yıllardır kalitesini koruyan, harika manzaralı bu sahil restoranı; retro dekoru, Türkiye ve Dünya mutfaklarını harmanlayan menüsü, geniş şarap kavı ve hafta sonu sunduğu serpme kahvaltısıyla tercih ediliyor. Divan otel ve restoran zincirine ait mekânın kendine ait iskelesine konuklar tekneyle yanaşarak da ulaşabiliyor.
Bebek Mah, Cevdet Paşa Cad. No: 28/A, Beşiktaş
0212 263 29 73
www.divan.com.tr
Her gün 10:00 - 00:00 arası açık.

KOÇO

1928'den bu yana devam eden bir Kadıköy geleneği. Moda Parkı, tarihi Moda İskelesi ve Adalar manzarasına karşı geniş açık hava terasında, klasik meyhane lezzetleri eşliğinde günü batırmak, İstanbul'un sunduğu en büyük zevklerin bir özeti olsa gerek. Mekânın bahçesinin arka tarafında ise birkaç basamak merdivenle inilen bir ayazma gizli. Rum Ortodoks geleneklerinden olan kutsal su pınarlarının günümüze ulaşabilmiş nadir örneklerinden.
Moda Caddesi No: 171/A, Kadıköy
0216 336 07 95
www.kocorestaurant.net

ÇİYA

Netflix'in popüler yemek belgeseli Chef's Table ile ünü dünyayı dolaşan şef Musa Dağdeviren'in Kadıköy Çarşısı'ndaki üç mekândan oluşan lokanta ve kebapçı zinciri. Lokanta usulü tencere yemeklerinden oluşan günün menüsü, şefin antropolog titizliğiyle derlediği Doğu ve Güneydoğu Anadolu reçetelerinden seçilmiş mevsimlik tatlar sunuyor. Ortaya karışık bir şeyler ısmarlayarak farklı lezzetler keşfedin.

Caferağa Mah. Güneşlibahçe Sok. No: 43, Kadıköy
0216 330 31 90
www.ciya.com.tr
Her gün 11:00 – 22:00 arası açık.

Beş Çayı Molası

PERA PALACE HOTEL

1883 ile 1977 yılları arasında Paris-İstanbul arasında yolcu taşıyan Orient Express yolcularının İstanbul'daki son durağı olan Pera Palas, şehrin ilk lüks otellerinden ve hâlâ konuk ağırlamayı sürdürüyor. Agatha Christie'nin Şark Ekspresi'nde Cinayet romanını kaleme aldığı yer olan otelin 19. yüzyıl ihtişamını hissetmek için, otelin Kubbeli Salonu'nda İngiliz usulü beş çayı içebilirsiniz.

Meşrutiyet Cad. No: 52 Tepebaşı, Beyoğlu
0212 377 40 00
www.perapalace.com
Kubbeli Salon'da çay servisi, her gün 15:00-18:00 arasında.

Terasta Günbatımı İçin

ANEMON GALATA

Tarihi bir binada konuk ağırlayan bu şık otelin en üst katındaki Firuzende Restaurant'ın açık bar kısmında, neredeyse dokunacak kadar yakın mesafeden Galata Kulesi'ni seyrederken kısmi Boğaz manzarasına karşı bir akşam içkisiyle günü batırabilirsiniz.

Bereketzade Mah. Büyükhendek Cad. No:5 Kuledibi, Beyoğlu
0212 293 23 43
www.anemonhotels.com

EXE ADAHAN GALATA

Şehrin en iyi butik otellerinden biri olan Adahan konuklarını örnek bir restorasyonla hayata döndürülen alımlı bir 19. yüzyıl Beyoğlu apartmanında ağırlıyor. Otelin en üst katında, Akdeniz lezzetleri ve meze ağırlıklı menüsüyle hizmet veren Cachi adlı restoranın açık terası, şehirdeki expat'ler için de popüler bir buluşma noktası.

Asmalı Mescit Mah. General Yazgan Sok. No:14, Beyoğlu
0212 243 85 81
www.exeadahangalata.com

Kültürel Keşifler

İSTANBUL RESİM VE HEYKEL MÜZESİ

1937'de Türkiye'nin ilk güzel sanatlar müzesi olarak Dolmabahçe Sarayı'nın Veliaht Dairesi'nde kapılarını açan müze, şimdi Tophane rıhtımında mimar Emre Arolat tarafından müzeye dönüştürülen 5 numaralı Antrepo binasında misafir ağırlamaya hazırlanıyor. Mimar Sinan Güzel Sanatlar Üniversitesi'ne bağlı olan müze, Türkiye'nin en önemli resim koleksiyonlarından birine sahip.

Meclis-i Mebusan Cad. No: 6, Tophane, Beyoğlu
www.msgsu.edu.tr

Alışveriş

KADIKÖY ÇARŞISI

İstanbul'un bütünlüğünü ve hareketliliğini koruyan en güzel tarihi çarşılarından biri. Birbirini kesen daracık sokaklarda sıralanmış balıkçıları, manavları, tatlıcıları, turşucuları, fırınları, şarküterileri, kokoreç ve midye tava büfelerinin yanı sıra, nitelikli restoranları ve meyhaneleriyle İstanbul mutfağını tanımak isteyen dostlarınızı götürebileceğiniz en iyi nokta.

Yürüyüş Rotası

BEBEK'TEN EMİRGAN'A

11 kilometre boyunca kıvrılıp bükülerek İstanbul'u iki yakaya bölen, Karadeniz ve Marmara'yı birbirine bağlayan Boğaz'ın belki en güzel kısmı burası. Restoranlarıyla popüler bir hafta sonu gezinti noktası olan Bebek semtinden Emirgan'a doğru dört kilometrelik bir sahil yürüyüşü İstanbul'u anlamak için şart.

Ortaköy Camii ve
Boğaz'ın büyüleyici
mavisi.

İstanbul içimde özene bezene sakladığım bir hazine sandığı gibi. Uzaktayken bile İstanbul'da olmak tarifsiz bir keyif!

ÖZDEN KARABABA

Proje Yöneticisi - Fotoğrafçı – Mühendis

Kadıköy'ün asırlık sahnesi Süreyya Operası.

İlk 3
İSTANBUL FAVORİM

1

İBB Harbiye Cemil Topuzlu Açık Hava Tiyatrosu

"Yazın burada çok keyifli konserler oluyor. Denk gelinirse mutlaka o havayı hissetmek gerek!"

Şehir planlamacısı Henri Prost tarafından 1930'larda hazırlanan İstanbul imar planında ilk kez adı geçen 4 bin kişilik amfitiyatro biçimli bu sahne, 1940'ların sonunda açıldığı günden bu yana İstanbul'un en önemli konser ve etkinlik alanlarından.

2

Zeyrek Camii

"Yıllar önce Zeyrek Camii'ne gittiğimde kapıda 'imamın ziline basın, kapıyı açacaktır' yazan bir not vardı. Gerçekten de kapı açılmıştı ama o zamanlar içerisi harabe gibiydi. Hızlı bir tur sonrası üzülerek çıkmıştım bu muhteşem yapıdan. 2018'de binadaki köklü restorasyon çalışmaları tamamlandığına göre, mutlaka yeniden ziyaret etmeli."

Bizans dönemine ait Pantokrator Manastırı'na ait yapıların fetihten sonra camiye çevrildiği ve İstanbul'un ilk medresesi olarak kullanıldığı biliniyor. Manastırın günümüze ulaşan kısmı olan cami, Osmanlı bilgini Molla Zeyrek'in adını taşıyor.

Sinanağa Mah. İbadethane Arkası Sok. No: 10 Zeyrek, Fatih

3

İstanbul Oyuncak Müzesi

"Çocuklardan çok, büyükleri büyüleyecek bir mekân. Saygıdeğer şair, yazar Sunay Akın, şahane bir koleksiyon toplamış!"

Sanatçının 40'ı aşkın ülkedeki antikacılar ve açık arttırmalardan satın aldığı oyuncaklarla kurulan müze, güzel bir köşk binasında eğitici bir sergileme düzeniyle konuklarını ağırlıyor. Örneğin uzay oyuncaklarının sergilendiği standda insanoğlunun Ay'a ulaşma çabası canlandırılırken, trenlerin sergilendiği bölümde sanayi devrimi anlatılıyor.

Ömerpaşa Cad. Dr. Zeki Zeren Sok. No: 17, Göztepe
0216 359 45 50 - 51
www.istanbuloyuncakmuzesi.com
Pazartesi hariç her gün, 11:00- 19:00 arası açık.

Özden Karababa'nın İstanbul'u

Martıların çığlıkları, taze simit, Boğaz'ın ciğerlerime dolan kokusu ve yüzlerce anı...

Benim Mahallem

SAMATYA & YEDİKULE

"Çocukluğumun geçtiği bu iki mahallenin bendeki yeri ayrı. Eski İstanbul dokusunun günümüzde de hissedildiği bölgeyi anlamak için, Kocamustafapaşa tren istasyonunda inip Samatya Meydanı'na girmeli; oradan tren raylarına paralel bir yürüyüş rotasını takip ederek eski ahşap evlerin ve kiliselerin sıralandığı, semt pazarının kurulduğu sokaklarda kaybolmalı. Samatya Sahaf'a uğrayıp günün hatırası olarak bir kitap seçmeli. Develi Restaurant'ta öğle yemeği molasının ardından 10-15 dakikalık bir yürüyüşle İstanbul'un en eski 'açık hava müzesi'ne ulaşmalı: Kentin tarihi boyunca önemini korumuş Yedikule, Bizans döneminde önemli konukları karşılamak için; Osmanlı döneminde ise önceleri hazine muhafazası, sonraları zindan olarak kullanılmış eski bir hisar. Yukarıdan denizi seyretmek ayrı bir keyif. Bu bölgeyi daha canlı bir turizm noktasına dönüştürmek için güzel bir kafe, sergiler, etkinlikler, ücretsiz turist dolmuşu gibi fikir ve projeler uygulansa fena olmazdı. Akşam saatlerine denk gelenler, Samatya turunu Safa Meyhanesi'nde harika bir şekilde noktalayabilir."

İstanbul Lezzetleri

ALTAN ŞEKERLEME

"Bir Eminönü gezisi sırasında karşıma çıkan harika bir şekerleme dükkânı. Bu kadar lezzetli lokum yemedim sanırım."
1865'ten bu yana devam eden asırlık bir geleneğe sahip mekânda, lokumun yanı sıra çikolata, helva, mevlit ve akide şekeri gibi tatları da bulmak mümkün.
Kantarcılar Sok. No: 68, Eminönü
0212 522 59 09
www.altansekerleme.com

VEFA BOZACISI

"Bu tarihi mekânda bir boza içmeden Vefa semtinden geçmek olmaz."
Arnavutluk göçmeni bir ailenin 1876'dan bu yana mükemmelleştirdiği boza; darı irmiği, su ve şeker ile mayalanan

son derece faydalı bir fermente içecek. Eski zamanlardaki gibi kış gecelerinde bakır güğümlerle sokaklarda boza satanlara artık rastlanmasa da bu tarihi dükkânda gelenek hala yaşatılıyor. Markanın sirkeleri ve nar ekşili, limonlu sosları da denemeye değer.
Vefa Cad. No: 66, Fatih
0212 519 49 22 - www.vefa.com.tr

1924 İSTANBUL (REJANS)

"Rejans, yıllar önce çok keyifle gittiğim bir restorandı. Uzun süre kapalı kaldıktan sonra 1924 İstanbul adıyla yeniden açıldı." Rus İhtilali'nde İstanbul'a kaçan Beyaz Rusların açtığı bu restoran, ev yapımı limonlu vodkası ve canlı müzik sunan ambiyansıyla Pera'nın en popüler restoranlarından biri olmuş yıllarca. Orijinal dekoru korunarak yeniden canlandırılan mekân, Doğu Avrupa mutfağının sevilen lezzetlerine getirdiği modern yorum ve kokteyl menüsüyle dikkat çekiyor.
Istiklal Cad. Olivya Geçidi No: 7, Beyoğlu - 0212 243 8 360
www.1924istanbul.com
Pazartesiden cumartesiye, 18:30-23:00 arası açık.

Tarihin İzinde

BÜYÜK SARAY MOZAİKLERİ MÜZESİ

"Sultanahmet civarındaysanız uğramanız gereken, kendisi küçük ama etkisi büyük bir müze. Mozaiklere meraklıysanız hoşunuza gidecektir." Sultanahmet Camii'nin yanı başındaki Arasta Pazarı'nın içinde yer alan müzede,

Bizanslılara ait Büyük Saray'ın revaklı avlusundan sağlam kalabilmiş 180 metrekarelik bir taban mozaiği sergileniyor. Müzenin asıl önemi ise sergilenen eser çokluğundan ziyade, İstanbul'un bugün yeraltında kalmış eski halini gözümüzde canlandırmamızı sağlaması.
Arasta Çarşısı, Sultanahmet, Fatih
0212 518 12 05 - muze.gov.tr
Yazın 10:00 – 17:00, kışın 09:00 – 17:00 arası her gün açık.

Opera Kültürü

SÜREYYA OPERASI

"AKM'nin kapanmasından sonra opera seyredebileceğimiz güzel bir mekân olması açısından çok önemli." Kadıköy'ün gelişmesinde önemli rol oynamış hayırsever asker ve siyaset adamı Süreyya İlmen'in batılı tarzda yaptırdığı bu konser ve etkinlik mekânı, 1927-2005 yılları arasında sinema salonu olarak işletildikten sonra Darüşşafaka'ya bağışlanmış. Mekânı 49 yıllığına kiralayan Kadıköy Belediyesi tarafından ise orijinal tasarımındaki gibi, opera salonuna dönüştürülmüş. Maltepe'deki eski Süreyya Plajı ile Süreyya Paşa Göğüs Hastalıkları Hastanesi de yine Süreyya İlmen'in şehre hibe ettiği mekanlar.
Caferağa Mah. Bahariye Cad. No: 29, Kadıköy
0216 346 15 31 (3 hat)
www.sureyyaoperasi.kadikoy.bel.tr

Hamam Sefası

SÜLEYMANİYE HAMAMI

"Eşimle beraber gitmiştik. Harikulade bir tecrübeydi." Süleymaniye Camii külliyesinin bir parçası olan bu hamam, 1557'de Mimar Sinan tarafından tamamlanmış.

Mimari yapısıyla İstanbul'un en güzel hamamlarından biri ve fazla turistik olmayan otantik bir işletme.

Mimar Sinan Cad. No: 20, Süleymaniye - 0212 519 55 69
www.suleymaniyehamami.com.tr
Her gün, aileler için 10:00 – 22:00 arası açık. Pazar hariç her gün 07:00 – 09:00 arası sadece erkekler; pazar günleri 07:00 – 09:00 arası ise sadece kadınlar için.

Boğaz Manzarası
FETHİ PAŞA KORUSU
Boğaz kıyısında, Üsküdarlılara nefes aldıran yeşil alanlardan biri olan bu tarihi koru, Osmanlı devlet adamı Ahmet Fethi Paşa'dan ismini almış. Sultan II. Mahmut'un kızı Atiye Sultan ile evliliğiyle de bilinen Fethi Paşa'nın Kuzguncuk'ta bir yalısı bulunuyordu. Günümüzde İBB'nin sosyal tesisleri olarak işletilen koruda, paşaya ait restore edilmiş köşkler, bugün halkın kullanımına açık.

Ada Gezisi
PYRGOS
Burgazada'nın Bizans dönemindeki adını taşıyan bu sempatik mekân; iskeleden 10 dakikalık bir yürüyüşle ulaşılan bir burunda, deniz manzaralı odalar ile samimi bir restoran atmosferi sunuyor.
Gezinti Cad. No: 45, Burgazada
0216 381 12 10
pyrgosotelrestaurant.com

MASUMİYET MÜZESİ
Nobel ödüllü yazar Orhan Pamuk'un aynı adlı kitabıyla beraber tasarladığı ve İstanbul'un Çukurcuma semtindeki ahşap bir konakta hayata geçirdiği bu müzede; 1974 ile 2000'lerin başı arasında geçen bir aşk romanının kahramanlarının kullandığı, işittiği, gördüğü, biriktirdiği 'hayali' eşyalar sergileniyor. Bir aşk hikayesi üzerinden aslında bir dönemin İstanbul'unu anlatan romanın son sayfalarındaki bileti gişede damgalatarak müzeye ücretsiz girebilirsiniz.
Çukurcuma Cad., Dalgıç Çıkmazı No: 2, Beyoğlu - 0212 252 97 38
masumiyetmuzesi.org
Pazartesi hariç her gün 10:00 – 17:00 arası

DİZİN